Wir gehen studieren

Das Buch zur Kinder-Uni
der Technischen Hochschule Wildau

Wir gehen studieren

mit **Timo Schlaurier**
www.timoschlaurier.de

Bibliografische Information der Deutschen Nationalbibliothek

Die Deutsche Nationalbibliothek verzeichnet diese Publikation in der Deutschen Nationalbibliografie. Detaillierte bibliografische Daten sind im Internet über https://portal.dnb.de/ abrufbar.

Verlag
Wildau Verlag GmbH
Hochschulring 1
D-15745 Wildau

Tel.: 0049 (0)30 854 88 31
Fax: 0049 (0)30 854 88 32
www.wildau-verlag.de

© 2016 Wildau Verlag GmbH

Das Werk ist in allen seinen Teilen urheberrechtlich geschützt. Jede Verwertung ohne ausdrückliche Zustimmung des Verlages ist unzulässig. Das gilt insbesondere für Vervielfältigungen, Übersetzungen, Mikroverfilmungen und die Einspeicherung in und Verarbeitung durch elektronische Systeme.

Drucker: CPI buch bücher.de gmbh, Birkach
Printed in Germany

ISBN 978-3-945560-06-8 (broschiert)

Erstes Vorwort

Wenn Wissenschaftler träumen, dann auch davon, wie sie ihr Wissen weitergeben können. So kam es, dass im Jahre 2004 an der damaligen Fachhochschule Wildau, initiiert durch die Professoren, die Idee reifte, Schüler zwischen 8 und 12 Jahren altersgerecht mit den spannenden Themen aus Wissenschaft und Technik vertraut zu machen. Schnell waren weitere ehrenamtliche Mitstreiter gefunden: Mitarbeiter der TH Wildau, Studierende, Lehrer und Politiker. Sie wählten aus, organisierten und gestalteten für das Wintersemester 2005 die erste Vorlesungsreihe „Kinder-Universität" an der TH Wildau. Das Interesse war und ist sehr groß, so dass es das kostenlose Angebot der „Kinder-Uni" auch in Zukunft geben wird. Das 10-jährige Bestehen der Kinder-Uni war nun Anlass die Themen der Vorlesungen auch in Buchform zu vermitteln.

Wir wünschen uns neugierige, wissensdurstige junge Kinder-Uni-Studierende. Fragen und Ideen diskutieren wir gerne mit euch im Rahmen der nächsten Vorlesungsreihen und natürlich auch später im richtigen Studium an der TH Wildau. Wir freuen uns auf euch!

Euer Organisationsteam

Larissa Wille (Leiterin seit 2015)

Prof. Dr. Siegfried Rolle (Leiter der Gründungsgruppe)

Zweites Vorwort

Liebe Kinder, liebe Jugendliche,
ich bin die Schirmherrin der Kinder-Uni der Technischen Hochschule in Wildau. Schirmherrin zu sein, bedeutet nicht viele Regenschirme zu besitzen! Für mich ist die Kinder-Uni seit Anfang an ein wichtiges Projekt, das ich seit vielen Jahren unterstütze. Hier könnt ihr wie echte Studenten einen Studienausweis erhalten, ihr sitzt – wie die großen Studenten! – im Hörsaal und natürlich stehen vorne keine Lehrer, sondern Professoren. Denen kann man fast Löcher in den Bauch fragen. Ich freue mich sehr, dass nun die Professorinnen und Professoren der Technischen Hochschule ein Buch für euch geschrieben haben. Ihr erhaltet viele Informationen zu spannenden Themen: Wie sieht Wohnen in der Zukunft aus? Was ist Mathematik? Wie können Pferde fliegen? Wow, meint ihr, das können sie wirklich? Ihr seht schon: In die Welt der Forschung und Wissenschaft einzutauchen, beschert euch eine aufregende Zeit. Ihr müsst dafür aber eines ganz sicher: Stillsitzen? Natürlich nicht: Für die Kinder-Uni der Technischen Hochschule müsst ihr nur neugierig sein. Vielleicht sehen wir uns wieder beim Semesterstart der Kinder-Uni. Ich freue mich jedes Jahr auf die neuen kleinen Studenten und darauf, dass es wieder heißt: „Mama, Papa: Heute geh ich mal studieren!"

Und nun wünsche ich euch viel Spaß mit dem Buch!
Eure Tina Fischer

Drittes Vorwort

Nach der letzten Jahrtausendwende bzw. mit Beginn dieses Millenniums entsprang an vielen Hochschulen und Universitäten im deutschsprachigen Raum die Idee, nicht nur Studierende zu unterrichten, sondern gleichfalls Kinder. Warum sollte man mit tiefgründigen Fragestellungen und schwierigen Zusammenhängen – altersgerecht und verständlich aufbereitet – nicht auch Schüler konfrontieren, oder anders formuliert, in den Bann ziehen können? Diese Idee wurde von so vielen Hochschulen aufgegriffen, dass es z. B. einen eigenen Wikipedia-Eintrag zur Kinder-Universität gibt, oder eine eigene Webseite, siehe http://www.die-kinder-uni.de/index.html. Auf dieser Internetseite kann man nicht nur ersehen, wo überall die Kinder-Uni durchgeführt wird, sondern auch, welche spannenden Bücher zum Nachlesen daraus entstanden sind, über zwanzig Titel! Drei Bände davon stehen übrigens auch in der Wildauer Hochschulbibliothek (Halle 10). Wer würde diese wohl von euch unter der Signatur „0 IJY 1" finden?

Und was ist mit Wildau? Seit dem Jahr 2005 gibt es sie, die Kinder-Uni, im Herbst jeden Jahres an fünf bis sechs Sonnabenden vormittags zu zweimal je 45 Minuten. Das lässt sich doch aushalten? Reih um Reih mit Klapptischen und eng am Nachbarn dran, etwas härter sitzend als im Kino, vor allem ohne Popcorn, dafür genauso voll die Ränge.
Damals fand die Kinder-Uni noch am alten Standort der vormaligen Technischen Fachhochschule in Haus 3 statt, woran sich wohl von euch niemand mehr erinnern wird. Ab

2007 beging man sie im Audimax der Halle 14, die mal ein Walzwerk war. Und nun hat sie Quartier in Halle 17 bezogen. Seit den ersten Tagen gilt unverändert die Zielsetzung der Wildauer Kinder-Uni:

„Schülerinnen und Schülern im Alter von acht bis zwölf Jahren soll Rätselhaftes und Unbekanntes näher gebracht werden. Professoren und Dozenten unserer Hochschule entschlüsseln mit den Kindern gemeinsam sonderbare Naturphänomene und erklären komplizierte technische Vorgänge mit einfachen Worten. Auch der Spaß kommt dabei nicht zu kurz, und in vielen Experimenten werden sie direkt mit einbezogen sein. Dabei geht es uns darum, ihr Interesse an Wissenschaft und Technik zu wecken und Lust aufs Lernen zu machen."

Die jungen Studierenden bekommen ihren Ausweis, Schreibutensilien und wenn sie, von den Eltern für die Zeit der Vorlesung separiert, alles verstanden haben, und Fragen beantworten können, gibt es eine kleine Belohnung.

Insofern ist die Wildauer Kinder-Uni mit ihren bisherigen elf Durchgängen seit 2005 eine runde Sache. Der Blick zu anderen Universitäten spornt an, und vielleicht gab das anstehende 25-jährige Jubiläum der TH Wildau auch den letzten Schubs dazu, alles einmal aufzuschreiben. Zudem gehört eine Publikation, das Veröffentlichen von Material und Wissen, genauso zum festen Bestandteil einer Hochschule wie eine Vorlesung. Also sagten wir uns, warum es nicht anderen Hochschulen gleichtun und ebenfalls ein Buch zum Nachlesen des Gehörten und Gesehenen dem Auditorium (Zuhörern) und

Nachwuchs an die Hand geben? Somit trafen wir uns, MitarbeiterInnen und DozentInnen der Hochschule, erstmals im Mai 2015 und ja, so viel Zeit braucht es für ein Buch… 😉

Unser großes Dankeschön gehört neben den AutorInnen auch dem Wildauer Verlag und Herrn Prof. Biermann für alle Unterstützung und Engagement, ohne die nichts Neues geschaffen werden kann! Durch die Mitwirkung von Marcel Fenske-Pogrzeba wurden Texte und Bilder eine schöne und ansehnliche Komposition, Danke!

Sollte der eine oder andere Groschen aus dem Verkauf dieses kleinen Büchleins übrig bleiben, und die Selbstkosten gedeckt sein, kommen diese natürlich wieder der Wildauer Kinder-Uni zugute, auf dass sie weiterhin so viele Interessierte in ihren Bann zieht und vielleicht ein Folgeband mit neuen Beiträgen entsteht.

Viel Spaß bei der Lektüre, viel Anregung wünscht euch Frank Seeliger (Mitherausgeber).

Schaut mal rein auf:
www.th-wildau.de/kinderuni

Inhaltsverzeichnis

Willkommen in meinem Buch...1
Vakuum – faszinierende Möglichkeiten des Nichts....................5
Druckluft – Die geheime Kraft der Luft......................................15
Elektrizität und Magnetismus..25
Strom sparen zu Hause – wie geht das?.....................................55
Wie wird aus Sonnenwärme Wind – und wie
wird daraus Strom?..73
Elektrizität aus Sonnenstrahlung...81
Wie ihr bei einem Burgenbauprojekt erfolgreich sein könnt......93
Wie Pferde fliegen können 115
Wie kann ein Arzt aus der Ferne helfen?..................................137
Mathematik – eine internationale Sprache...............................145
Anders streiten...161
Bibliothek: eine Einrichtung von gestern oder mit Potential für
die Zukunft..183

Willkommen in meinem Buch

Timo Schlaurier

Umpffh. Hrrrump. Aaaargh.

So, da bin ich. Klopf, klopf – keine Erdklumpen mehr an mir dran, hoffe ich.

Was schaut ihr denn so? Nur weil ich hier mühsam aus der Erde krieche, bin ich noch lange kein Ungeheuer, bloß keine Angst. Ihr habt wohl noch nie einen Schlaurier gesehen? Na ja, es gibt auch nicht so viele. Da unten wohne ich – direkt unter den Gebäuden der Technischen Hochschule Wildau. Es gibt hier viele versteckte Gänge und Höhlen, das ist natürlich praktisch für mich.

Mein Name ist Timo und ich bin mehrere Millionen Jahre alt. Gewiss habt ihr schon mal von den furchtbaren Dinosauriern gehört? Sie haben die Erde bevölkert, lange bevor die ersten Menschen auftauchten. Es gab viele ganz verschiedene Arten von Sauriern: große und kleinere, Fleischfresser und Vegetarier, an Land lebende und solche im Wasser, dumme und schlaue. Hm – ehrlich gesagt, eigentlich nur dumme. Die Saurier – selbst die ganz großen – hatten alle ein winzig kleines Gehirn. Besonders helle waren sie bestimmt nicht. Sie sind dann eines Tages auch ausgestorben. Aber das wisst ihr ja.

Nun gibt es ein großes Geheimnis, das kennt ihr noch nicht. Könnt ihr ein Geheimnis für euch behalten? Bestimmt? Nur wer das kann, darf weiterlesen! Alle anderen klappen jetzt das Buch zu und gehen ins Bett.

Die Saurier hatten Verwandte, und von denen gibt es sogar heute noch welche. Diese Verwandten waren eher von der kleineren Sorte, aber dafür ziemlich plietsch. Du weißt nicht, was plietsch heißt? Dann bist du es offenbar nicht. Plietsch heißt pfiffig, gerissen, schlau. Und diese Verwandten der Saurier sind natürlich – wir Schlaurier!

Und jetzt steht wahrhaftig einer vor euch. Euer ergebener Diener, Timo Schlaurier, habe die Ehre. Seid mir aber nicht böse, wenn ich mich etwas im Hintergrund halte und verstecke. Wenn die Erwachsenen mich sehen würden, oh weh! Da käme ich schwuppdiwupp ins Museum – das wäre ja todlangweilig. Deshalb lebe ich unterirdisch in meinem kleinen geheimen Reich, wo ich tun und lassen kann, was immer ich will.

Hier unter der Technischen Hochschule ist es kühl und gemütlich – und alles andere als langweilig. Ich klettere immer wieder an die Oberfläche, so wie jetzt. Dann kann ich zum Beispiel heimlich an den Vorlesungen teilnehmen. Das ist oft sehr aufregend. Man lernt da viele neue Dinge, die auch für einen Schlaurier hochinteressant sind. Zum Beispiel über Sonnenenergie und über fliegende Pferde, über Druckluft und Streitkultur und und und…

Die Professoren merken nie, dass ich dabei bin. Aber viele Studentinnen und Studenten kennen mich schon und geben mir manchmal ein paar Gummibärchen (ich liebe Gummibärchen!) oder einen Schokoriegel. Besonders spannend finde ich es in der Kinder-Uni. Auch da höre ich gerne zu, von meinem dunklen Lieblingsplatz im großen Hörsaal in dieser kleinen

Spalte zwischen der achten Reihe (oder war es die neunte?) und dem Seitengang, da wo…. Aber pssst, verratet mich nicht! Ich will nicht ins Museum!

Klausurfragen zur Übung
Am Ende der meisten Beiträge könnt ihr Fragen in einer „Klausur" beantworten, so nennt man die Prüfungen an einer Hochschule. Wenn ihr die Buchstaben der richtigen Antworten sortiert (das kann ein wenig knifflig sein!), ergibt sich ein Lösungswort.
Auf meiner Webseite *www.timoschlaurier.de* gibt es zusätzliches Informationsmaterial zum Thema. Ihr müsst das Lösungswort an der richtigen Stelle als Passwort eingeben und schwupps – geht es los!
Wollen wir das mal probieren? Wir machen einen Test, ok? Nehmen wir an, die Buchstaben lauten S – T – E – T, dann ist das Lösungswort…(grübel, grübel)?

Vakuum – faszinierende Möglichkeiten des Nichts

Prof. Karin Siemroth

Sicher hast du den Begriff Vakuum schon einmal gehört und oft denkt man gleich an einen luftleeren Raum, einen Raum, in dem überhaupt gar nichts mehr drin ist. Aber so einen ganz und gar leeren Raum gibt es eigentlich nicht.
Die einfache Beschreibung für Vakuum lautet: *Im Vakuum ist der Luftdruck kleiner als normal.*

Aber was ist eigentlich „normal"? Der Luftdruck von einer Atmosphäre wird nur hier bei uns auf der Erde gemessen, an den meisten anderen Stellen in unserem Universum ist der Luftdruck sehr viel kleiner. Vakuum ist die Normalität, Luftdruck von einer Atmosphäre die Ausnahme.
Der Luftdruck entsteht durch das Gewicht der Atmosphäre über uns. Je weiter man sich vom Erdboden entfernt, je höher man steigt – umso kleiner wird der Druck. Die Physiker und Ingenieure unterteilen in Grobvakuum, Feinvakuum, Hochvakuum und Ultrahochvakuum.

Kann man hier unten auf der Erde Vakuum herstellen?

Dafür gibt es in der Vakuumtechnik verschiedene Möglichkeiten – einfache Luftpumpen, elektrische Vorpumpen, sehr schnell drehende Turbopumpen oder Kryopumpen, bei denen die Gasmoleküle an sehr kalten Flächen durch Kondensation eingefangen werden.
Man kann das Vakuum aber auch so herstellen, wie es der Physiker Torricelli gemacht hat. Dazu braucht man ein langes Rohr, was auf einer Seite geschlossen ist. Dies wird mit einer

Flüssigkeit gefüllt und dann umgedreht. Die Flüssigkeit im Rohr bleibt in der Höhe h, darüber ist Vakuum. Der Druck aus dem Gewicht der Flüssigkeit ist genauso groß wie der Druck aus dem Gewicht der Luft darüber. Wenn der Versuch mit Wasser gemacht wird, ist die Höhe h=10 m, bei schwerem Quecksilber nur noch 760 mm.

Was bewirkt das Vakuum denn nun?

Das Vakuum hat eine enorme Saugkraft.
Mit dieser Kraft hat der Magdeburger Bürgermeister Otto von Guericke vor über 350 Jahren experimentiert. Berühmt sind seine Magdeburger Halbkugeln geworden.

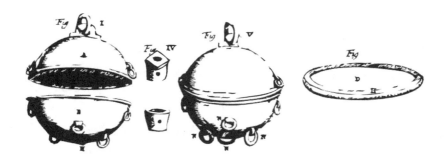

Diese beiden Kugelhälften wurden zusammengesetzt und dann die Luft herausgepumpt, dann klebten sie fest aneinander. So fest, dass selbst 16 kräftige Pferde – 8 an jeder Kugelhälfte angespannt – sie nicht mehr auseinander reißen konnten. Den Saugeffekt des Vakuums kannst du auch beim Öffnen eines Schraubglases beobachten. Das Glas lässt sich beim ersten Mal sehr schwer öffnen und man kann auch hören, wie die Luft hineinzischt.

Das Vakuum hat also große Saugkraft?

Ja, aber tatsächlich funktioniert das nur zusammen mit dem Luftdruck. In einem Vakuumbehälter fällt der Saugnapf ganz schnell herunter und die Magdeburger Halbkugeln fallen auch auseinander. Was wir als Saugkraft beobachten, ist die Wirkung einer Kraft von außen, hervorgerufen durch den Luftdruck.

Das Vakuum kann aber noch mehr! So sinkt die Siedetemperatur von Wasser. Sprudelnd kochendes Wasser in einem Vakuumbehälter ist nicht einmal handwarm. Diesen Effekt beobachten bereits Bergsteiger. Auf den Gipfeln des

Ein Ei kochen auf dem Mount Everest?
Das Eigelb wird erst bei Temperaturen über 65°C, das Eiweiß bei über 80°C fest.

Trocknen im Vakuum?
Mit Hilfe des Vakuums können wir bei niedrigen Temperaturen störende Flüssigkeiten verdampfen.

Himalaja kocht das Wasser schon bei 70°C, heißer wird es dann nicht mehr.

Vakuum ist nicht besonders gemütlich für Menschen oder Tiere! Wir haben uns an den Luftdruck von außen gut angepasst. Ohne Luftdruck plustern sich Gegenstände mit Lufteinschlüssen auf. Luftballons werden immer größer, bis sie zerplatzen.

Wenn ich im Vakuum lande, wäre ich aber nicht nur ganz doll aufgeplustert, was sicher nicht sehr angenehm ist. Da sind noch ganz andere Gefahren!

Es wird auch nicht mehr genug Sauerstoff im Blut transportiert. Bergsteiger gewöhnen sich deshalb sehr langsam an den Unterdruck im Hochgebirge. Der Körper muss sich darauf einstellen und mehr rote Blutkörperchen bilden, die dann wieder den wichtigen Sauerstoff transportieren können.

Ab einer bestimmten Höhe beginnen die Körperflüssigkeiten bei Körpertemperatur 37°C zu kochen – das ist die so genannte Armstrong-Grenze bei 19 km Höhe!

Astronauten haben deshalb Raumanzüge mit Druckausgleich.

Im Vakuum werden auch Schall und Wärme nicht mehr geleitet. Ein Thermobehälter ist doppelwandig und dazwischen ist Vakuum. Deshalb bleibt der Tee heiß, aber Eis schmilzt nicht.

Moderne Thermofenster haben auch zwischen den Scheiben ein leichtes Vakuum. So isolieren sie die Wohnräume gegen Kälte im Winter und Wärme im Sommer. Wegen des Unterdruckes sind die Scheiben leicht nach innen gewölbt und wenn man genau darauf achtet, kann man das in Spiegelungen von großen Glasfenstern sehen.

Und wer morgens endlich einmal in Ruhe ausschlafen möchte, kann seinen Wecker in einen Vakuumbehälter einsperren.

Im Vakuum gibt es keinen Luftwiderstand. Eine Feder, die normalerweise in der Luft lustig herumwirbelt und nur ganz langsam zum Boden schwebt, fällt im Vakuum genauso schnell herunter wie eine Bleikugel.

Auch Staub fällt sehr schnell auf den Boden und bleibt da liegen. In einem Vakuumbehälter ist es also sehr sauber.

Elektronen oder Plasma können sich im Vakuum sehr gut bewegen, weil ihnen kaum Gasmoleküle im Weg sind. Vakuum ist wichtig für viele wissenschaftliche und technische Anwendungen:

- Halbleitertechnologie
- Festkörperphysik
- Elektronenstrahlmikroskop
- Materialforschung
- Laseroptik
- Dünnschichttechnologie

In Vakuumkammern werden die unterschiedlichsten Dinge beschichtet, um die Oberfläche härter zu machen und den Verschleiß zu verringern. Bohrer beschichtet mit Titannitrid sehen aus wie vergoldet und halten sehr viel länger als normale Bohrer.

Im Vakuum kann mit verschiedenen Metallen beschichtet werden, aber auch mit Kohlenstoff, der fast so hart wie ein Diamant wird. Solche Schichten sind oft nur wenige Mikro- bis Nanometer dick, das sind nur ein tausendstel bis ein millionstel Millimeter.

Jetzt könnte ich erst richtig anfangen, über Vakuumtechnologie zu schreiben. So viele Anwendungen gibt es inzwischen. Und so viele Aufgaben für Ingenieure. Da müssen neue Materialien ausprobiert werden, Vakuumanlagen konstruiert und Beschichtungstechnologien optimiert. Das ist ziemlich spannend, aber in dieses Buch sollen ja noch viel mehr interessante Themen.

Klausur

Frage 1

Was hielt die Halbkugeln des Magdeburger Bürgermeisters Otto von Guericke so fest zusammen, dass nicht einmal 16 Pferde sie auseinander reißen konnten? Nur eine Antwort ist richtig!

C = Die Kugelhälften wurden fest verschraubt

F = Das Vakuum hat die Kugelhälften zusammengesaugt

W = Die Hälften wurden mit Sekundenkleber behandelt

T = Der Luftdruck von 1 at war größer als der Unterdruck (Vakuum) in der Kugel und hat deshalb die Kugelhälften zusammengedrückt

Frage 2

Wobei kann Vakuum hilfreich sein? Mehrere Antworten sind richtig!

A = Sehr heißes Teewasser kochen

E = Gute Wärmeisolation zwischen zwei Glasscheiben

Q = Zur Verstärkung von leisen Geräuschen

C = Zum Trocknen von verschiedenen Sachen

H = Für eine möglichst staubfreie Umgebung

Frage 3

Warum brauchen Menschen unbedingt einen Druckanzug, wenn sie im Vakuum (Weltraum) sind? Mehrere Antworten sind richtig!

A = Das wäre cool wie im Film

N = Im Blut kann bei Unterdruck nicht mehr genügend Sauerstoff gelöst und zum Gehirn transportiert werden, wir würden ohnmächtig

C = Wir würden plötzlich platzen

I = Die Körperflüssigkeiten würden beginnen zu sieden

K = So ein Raumanzug versorgt uns neben dem Druckausgleich auch mit Atemluft, Wärme und Strahlenschutz

Tipp
Aus den Buchstaben der richtigen Antworten ergibt sich ein Lösungswort. Wie es damit weitergeht, hat Timo in seinem „Willkommensartikel" vorne im Buch erklärt.

Die Autorin

Prof. Karin Siemroth

Karin Siemroth ist seit 1973 Ingenieurin für Maschinenbau und Konstruktion. Gleich nach dem Studium hat sie für Kühlwaggons statische Berechnungen durchgeführt und Lastaufnahmemittel entwickelt. Seit 1979 ist sie als Fachschullehrerin in Wildau tätig und wurde 1991 als Professorin für Konstruktion, Maschinenelemente und CAD berufen. Ab 2002 entwickelte sie neben der Lehrtätigkeit zusammen mit ihrem Ehemann, dem Physiker Peter Siemroth, verschiedene Filter-HCA-Anlagen zur Nanobeschichtung mit hochfestem Kohlenstoff (u. a. für Festplatten). Im Jahr 2007 erhielten sie dafür den Innovationspreis Berlin-Brandenburg. An einer dieser Anlagen erforschen Mitarbeiter der TH Wildau die Herstellung von Graphen – dem Wunderstoff.

Karin Siemroth hat drei erwachsene Kinder und 4 Enkelkinder. Ihre Kinder sind Physiker/Yogalehrer, Lehrer für Mathe, Chemie und Erdkunde am Gymnasium sowie Physikerin/ Wissenschaftliche Rätin an der Uni Tübingen.

Druckluft – Die geheime Kraft der Luft

Adina Braumann

Du bist von Luft umgeben. Sehen kannst du sie nicht und nur spüren, wenn Wind weht. Du atmest Luft ein und aus, und sie ist lebensnotwendig. Die Luft übt Druck aus, auch auf deinen Körper. Du spürst ihn nicht, weil er innerhalb deines Körpers genauso stark ist wie außen.

Was ist Luft?

Luft ist ein farb-, geruch- und geschmacksloses Gasgemisch. Es besteht aus vielen verschiedenen Gasen. Die Hauptbestandteile sind Sauerstoff und Stickstoff. Luft kann bei den meisten Berechnungen als ideales Gas betrachtet werden. Die Zusammensetzung ist bis zu einer Höhe von 25 km über dem Meeresspiegel relativ konstant.

Luft enthält immer auch feste Partikel wie Staub, Sand, Ruß und Salzkristalle. Während die Menge dieser Partikel in bewohnten Gegenden höher ist, nimmt sie in ländlichen Gebieten und in großer Höhe ab.

Luft ist aber keine Chemikalie, sondern lediglich ein Gasgemisch. Dies ist auch der Grund dafür, warum Luft durch eine starke Abkühlung wieder in ihre Bestandteile zerlegt werden kann.

Die Druckluft

Druckluft entsteht, wenn man in einem Behälter den Raum verkleinert, das nennt man Komprimierung (Verdichtung) von Luft. Du kannst es dir wie bei einer Luftpumpe für dein

Fahrrad vorstellen. Sie besteht aus einem Zylinder und einem darin beweglichen Kolben, der über eine Stange mit Handgriff bewegt wird. Eine maschinell betriebene Luftpumpe bezeichnet man als Kompressor (Näheres im Punkt „Wie funktioniert ein Kolbenkompressor?"). Das weißt du jetzt. Doch spüren kannst du Druckluft immer noch nicht. Mach sie einfach sichtbar! Probiere doch mal das Luftexperiment im unteren Kasten aus.

Die Geschichte der Druckluft

Druckluft ist heute, neben dem elektrischen Strom, der in Industrie und Handwerk am häufigsten genutzte Energieträger. Doch während man den Umgang mit dem elektrischen Strom schon von Kindesbeinen an lernt, sind Bedeutung, Möglichkeiten und Vorteile des Energieträgers Druckluft noch immer zu wenig bekannt.

Das Wissen über die Druckluft ist mit dem Kenntnisstand des Menschen in vielen technischen Anwendungen gewachsen. Ihre Fortentwicklung im Ablauf der Geschichte fand nur dort statt, wo sie Einsatzvorteile gegenüber anderen Technologien bot. Zu jeder Zeit fand die Druckluft ihre Anwendungen, so dass immer wieder kluge Leute über ihre Weiterentwicklung nachdachten.

Die Anfänge der Druckluft – der erste Kompressor, die Lunge

Viele technische Anwendungsbereiche lassen sich aus der Frühzeit der Menschheit herleiten. Der erste Einsatz von Druckluft war das Blasen auf Zunder, um Feuer zu entfachen. Die zum Blasen verwendete Luft wurde in der Lunge komprimiert. Man könnte die Lunge als eine Art natürlichen Kompressor bezeichnen.

Kapazität und Leistung dieses Kompressors sind äußerst beeindruckend. Die menschliche Lunge kann 100 Liter pro Minute oder 6 m³ Luft pro Stunde verarbeiten. Dabei erzeugt sie einen Druck von 0,02–0,08 bar. Im gesunden Zustand ist der menschliche Kompressor in Bezug auf seine Zuverlässigkeit einzigartig.

Dein Luftexperiment
Du brauchst: 1 Luftballon, Bücher

„Die Kraft der Luft"
Lege einen Luftballon auf eine Tischkante und stapele ein paar Bücher darauf. Blase den Luftballon auf. Er hebt den Bücherstapel so weit an, dass er umkippt. Luft übt einen so hohen Druck aus, dass sie sogar schwere Gegenstände wie deine Bücher anheben kann! Dieses Prinzip machen sich beispielsweise Luftkissenboote zunutze.

Der erste mechanische (gebaute) Kompressor – der Blasebalg

Der erste mechanische Kompressor, der handbetriebene Blasebalg, wurde Mitte des dritten Jahrtausends v. Chr. entwickelt. Die sehr viel leistungsfähigeren fußbetriebenen Blasebälge gab es um 1500 v. Chr. Die Entwicklung wurde notwendig, als sich das Legieren von Kupfer und Zinn zur Herstellung von Bronze zu einem stabilen Herstellungsverfahren entwickelt hatte. Zu sehen ist die Erfindung auf einer Wandmalerei in einem altägyptischen Grabmal. Das war die Geburt der Druckluft im heutigen Sinn.

Nutzung fußbetriebener Blasebälge im antiken Ägypten

Druckluft im Einsatz

Mit Druckluft wurden bereits um 1810 Eisenbahnen angetrieben. Beim Tunnelbau durch den Mont Cenis im Jahre 1857 nutzte man die neue Technik eines druckgetriebenen Bohrhammers für die Bearbeitung des Gesteins. Ab 1861 setzte man Stoßbohrmaschinen mit pneumatischem Antrieb beim Vortrieb des Tunnels ein, die von Kompressoren an den beiden Tunneleingängen mit Druckluft versorgt wurden. In beiden Fällen wurde die Druckluft über weite Strecken transportiert. Als 1871 der Tunneldurchbruch erfolgte, lagen von beiden Seiten über 7 000 m Rohrleitungen. Somit wurde zum ersten Mal die Transportierbarkeit von Energie als Einsatzvorteil der Druckluft einer breiten Öffentlichkeit nachgewiesen und bekannt gemacht. Hieraus entstanden immer leistungsfähigere und vielseitiger einsetzbare Druckluftwerkzeuge.

Die Erfahrung bei der Handhabung von Druckluft-Leitungsnetzen und die Entwicklung leistungsfähigerer Kompressoren führte dazu, dass Paris ein Druckluftnetz in den Abwasserkanälen erhielt. 1888 wurde es mit einer zentralen Kompressorleistung von 1 500 kW in Betrieb genommen. Im Jahr 1891 betrug die installierte Leistung bereits 18 000 kW. Der umgreifende Erfolg des Druckluftnetzes begründete sich unter anderem in der Erfindung einer Uhr, welche jede Minute durch einen Impuls aus der Kompressorstation gestellt wurde. Man erkannte damals nicht nur die Möglichkeit der Transportierbarkeit von Energie, sondern auch von Signalen über große Entfernungen eines Druckluftnetzes. Das Pariser

Druckluftnetz ist bis heute einzigartig und noch immer in Betrieb.

Wie funktioniert ein Kolbenkompressor?

Kompressoren (Verdichter) sind Arbeitsmaschinen, die zur Förderung bzw. zur Verdichtung von Gasen (z. B. von Luft) dienen.

Hubkolbenkompressoren arbeiten nach dem Verdrängungsprinzip. Der Kolben saugt während des Abwärtshubes Luft über das Saugventil an. Es schließt bei Beginn des Aufwärtshubes. Die Luft wird verdichtet und über das Druckventil ausgestoßen. Der Antrieb der Kolben erfolgt über einen Kurbeltrieb mit Kurbelwelle und Pleuelstangen.

Das heißt, dass bei Verdichtern der Verdränger-Bauart der Verdichtungsraum nach dem Ansaugen der Luft vollständig schließt. Unter Krafteinwirkung wird das Volumen verkleinert und die Luft verdichtet.

Wofür brauche ich eigentlich heutzutage Druckluft?

Die Druckluft wird in allen Bereichen der Industrie, des Handwerks und des täglichen Lebens intensiv genutzt. Die Anwendungsmöglichkeiten sind vielfältig und umfassend.

Hier ein paar Beispiele:

- Es können damit Dinge transportiert werden (z. B. Rohrpost).
- Es können Werkzeuge und Roboter damit angetrieben werden (z. B. Reifenwechsel bei der Formel 1).
- Deine Trinkflasche kann mit Druckluft hergestellt werden, indem Kunststoff in eine Form geblasen wird.

Klausurfragen

Frage 1

Welche große europäische Stadt erhielt im Jahr 1888 ein Druckluftnetz in den Abwasserkanälen?

CO = Luxemburg

BA = New York

KR = Berlin

FT = Paris

Frage 2

Wie werden Kompressoren auch noch genannt?

RA = Luftpumpe

LU = Verdichter

LA = Verdränger

LL = Lunge

Die Autorin

Adina Braumann

Adina Braumann ist seit 2010 Wirtschaftsingenieurin für Maschinenbau und arbeitete seither im Bereich des Anlagenbaus für Drucklufttechnik in der Region Berlin/Brandenburg. Sie absolvierte ihr Studium an der Technischen Hochschule Wildau. Neben naturwissenschaftlichen Interessen und Vorlieben für Technik arbeitete sie schon seit ihrer Jugend ehrenamtlich in pädagogischen Bereichen mit Kindern und Jugendlichen zusammen. Deshalb begann sie anschließend ihr Studium an der Humboldt-Universität zu Berlin im Studiengang Wirtschaftspädagogik und Rehabilitationswissenschaften. Seit 2015 arbeitet sie neben ihrem Studium und der Tätigkeit als Wirtschaftsingenieurin auch als Lehrkraft für Schülerinnen und Schüler der mittleren Reife und mit dem Abschlussziel Abitur.

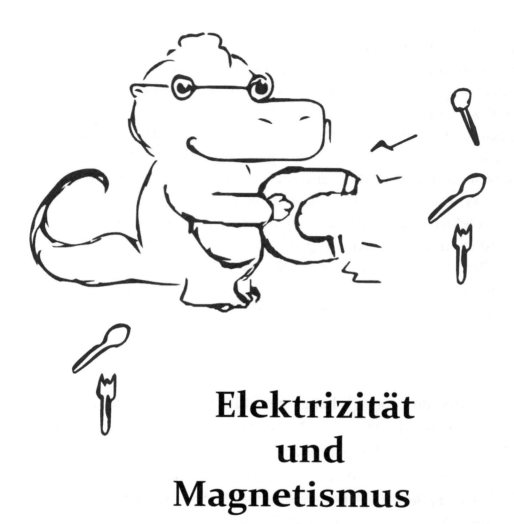

Elektrizität und Magnetismus

Prof. Dr. Thomas Goldmann

Können wir uns eine Welt ohne Strom vorstellen? Es ist noch nicht einmal 200 Jahre her, dass es kein elektrisches Licht, keine Radios und Fernsehgeräte, keine Waschmaschinen oder Handys gab. Und trotzdem konnten die Menschen leben. Wenn heute überraschend die Stromversorgung zusammenbrechen würde, ginge nicht nur das Licht aus. Auch akkubetriebene Handys würden kaum noch funktionieren, weil die Sendestationen nicht mehr arbeiteten. Die Trinkwasserversorgung würde zusammenbrechen, weil die elektrischen Pumpen ausfielen. In den Kühlhäusern würden nach einigen Tagen die Lebensmittel verderben. Straßen- und Bahnverkehr würden im Chaos versinken, wenn Ampeln und Signalanlagen ausfallen. Kurzum: Unser modernes Leben ist vom elektrischen Strom abhängig.

Aber was ist eigentlich Elektrizität?

Wir stellen uns vor, wir haben ein Stück Schokolade und teilen es mit einem Messer in der Mitte durch. Dann haben wir zwei kleinere Stücke, die wir wieder in der Mitte teilen können. Wenn man das immer so weitermacht entstehen immer kleinere Teilchen. Schon vor etwa 2 500 Jahren kam der griechische Philosoph Demokrit (geboren vermutlich 459 v. Chr., gestorben im frühen 4. Jahrhundert v. Chr.) auf den Gedanken, dass irgendwann ein Teilchen entsteht, das so klein ist, dass man es nicht mehr zerteilen kann. Dieses kleinste, nicht mehr teilbare Teilchen nannte er „Atom". Heute wissen wir, dass alle Stoffe aus Atomen bestehen und die Atome aus noch kleineren Teilchen, den so genannten „Elementarteilchen", zusammengesetzt sind und auch zerteilt werden können.

Ein Atom kann man sich vorstellen wie ein winzig kleines Kettenkarussell. In der Mitte sitzt der Atomkern. Er besteht aus „Protonen", die man sich als kleine Kügelchen, die wie eine Brombeere zusammengeklebt sind, vorstellen kann. Wie die Sitze des Kettenkarussells fliegen um den Atomkern herum eine zweite Sorte von Elementarteilchen, die „Elektronen". Jeder weiß, je schneller das Karussell sich dreht, umso weiter werden die Sitze nach außen gedrückt. Grund dafür ist die Fliehkraft, die immer auftritt, wenn sich etwas dreht. Damit die Sitze nicht nach außen wegfliegen, müssen sie mit den Ketten am Karussell befestigt werden. Auch die Elektronen, die um den Atomkern kreisen, müssen an ihm irgendwie befestigt sein, damit sie nicht wegfliegen.

Das passiert im Atom aber nicht mit Ketten, sondern durch die elektrische Kraft. Protonen und Elektronen haben nämlich eine besondere Eigenschaft, sie sind elektrisch geladen. Die Protonen sind positiv geladen, bekommen also ein „+" und die Elektronen sind negativ geladen, bekommen also ein „-". Zwischen geladenen Teilchen wirkt nun die elektrische Kraft. Unterschiedlich geladene Teilchen ziehen sich an, so wie die Erde einen Apfel anzieht, wenn er vom Baum fällt. Die positiv geladenen Protonen im Atomkern ziehen die negativ geladenen Elektronen, die um den Kern kreisen, mit der elektrischen Kraft an. Damit sie nicht auf den Kern fallen, müssen sie so schnell um den Kern kreisen, dass die Fliehkraft der Drehbewegung gerade genauso groß ist wie die elektrische Anziehungskraft.

Zwischen gleich geladenen Teilchen, also zwischen zwei Protonen oder zwischen zwei Elektronen wirkt auch die elektrische Kraft, aber etwas anders: Gleich geladene Teilchen stoßen sich voneinander ab.

Wer bis hierher gut aufgepasst hat, müsste sich jetzt fragen: Warum fliegt der Atomkern nicht auseinander? Die Protonen sind doch alle positiv geladen und stoßen sich voneinander ab! Damit das nicht passiert, gibt es noch ein drittes Elementarteilchen, das „Neutron". Neutronen haben keine elektrische Ladung, sie sind elektrisch „neutral". Innerhalb des Atomkerns bilden sie gewissermaßen den Klebstoff, der die Protonen zusammenhält. Jedes Atom hat genau so viele Elektronen, wie Protonen. Aus wie viel Elektronen und Protonen ein Atom besteht, bestimmt, um welchen Stoff, oder wissenschaftlich ausgedrückt, um welches „Element" es sich handelt. Sauerstoff, den wir zum Atmen benötigen, enthält genau 8 Protonen und 8 Elektronen in jedem Atom. Beim Kohlenstoff sind es 6, bei Aluminium 13, bei Eisen 26, bei Kupfer 29 und beim Blei sogar 82 Protonen und Elektronen.

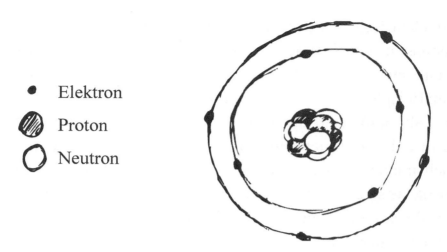

Wie bei einem Kettenkarussell umkreisen die negativ geladenen Elektronen den positiv geladenen Atomkern.

Man kann die elektrische Kraft leicht sichtbar machen, wenn man jemandem mit frisch gewaschenen, möglichst langen Haaren einen aufgeblasenen Luftballon mehrmals auf den Kopf schlägt. Das tut nicht weh, aber die innige Berührung zwischen Luftballon und den Haaren führt dazu, dass der Luftballon Atomen in den Haaren Elektronen entzieht. Dadurch werden die Haare positiv aufgeladen und stoßen sich voneinander ab, während der Luftballon negativ aufgeladen wird und dem Kind die Haare zu Berge stehen. Manchmal kann man auch ein leises Knistern hören. Das sind mikroskopisch kleine Blitze, denn die vom Ballon entführten Elektronen versuchen wieder zu ihren Atomen in den Haaren zurückzuspringen. Aber keine Angst: Diese kleinen Blitze sind ungefährlich.

Und da haben wir schon ein erstes Beispiel für elektrischen Strom: Wenn elektrisch geladene Teilchen sich bewegen, fließt ein elektrischer Strom. Dazu müssen auf irgendeine Weise Ladungen voneinander getrennt werden, die dann wieder zueinander streben. Die Trennung von Ladungen geschieht zum Beispiel in einer Batterie durch chemische Reaktionen oder im Fahrraddynamo durch die Bewegung einer Drahtspule im Kraftfeld eines Magneten. Deswegen haben diese Stromquellen auch immer zwei Anschlüsse, die Pole. Am Minuspol sitzen überschüssige Elektronen, die am Pluspol fehlen. Zwischen den Polen besteht eine elektrische Spannung, die man sich als „Druck", der die Ladungsträger zum anderen Pol schieben will, vorstellen kann. Die elektrische Spannung kann man auch messen. Alles was man messen kann erhält eine Maßzahl und eine Einheit. So kann man z. B. die Länge eines Besenstiels mit der Maßzahl 1,5 und der Einheit Meter angeben, wenn der Besenstiel eben 1,5 Meter lang ist. Die Einheit der elektrischen Spannung heißt „Volt" (abgekürzt V) und wurde nach dem italienischen Physiker Alessandro Volta (1745–1825), dem Erfinder der elektrischen Batterie, benannt. Ein Fahrraddynamo liefert, wenn er gedreht wird, eine Spannung von etwa 6 V. Fließt ein elektrischer Strom, so kann man ihn auch messen. Seine Einheit heißt Ampère, nach dem französischen Gelehrten André-Marie Ampère (1775–1836), der als Erster ein elektrisches Strommessgerät konstruierte.

Auch die Steckdose in der Wand ist eine Stromquelle, aber es ist sehr gefährlich damit unsachgemäß umzugehen! Die Spannung zwischen den Polen der Steckdose beträgt 230 V und ist so hoch, dass man einen lebensgefährlichen Stromschlag bekommen kann. Also: **Keine Experimente an der Steckdose!!!**

Um von einem Pol der Stromquelle zum anderen Pol zu gelangen, brauchen die Ladungsträger aber einen Weg, auf dem sie wandern können. Bei sehr hohen Spannungen können die Ladungsträger als Blitz durch die Luft zucken. Deswegen sind Blitze auch so gefährlich. Bei kleineren Spannungen – die aber auch gefährlich sein können! – brauchen die Ladungsträger einen Stoff, zum Beispiel einen Kupferdraht, durch den sie wandern, wie Wasser durch ein Rohr. Der Weg der Ladungsträger vom Pluspol der Stromquelle über einen Draht zum Verbraucher, also z. B. zu einer Lampe und wieder über einen Draht zurück zum Minuspol der Stromquelle, wird als elektrischer Stromkreis bezeichnet. Wenn ein Strom fließen soll, muss der Stromkreis ohne Unterbrechung geschlossen sein.

In der Kinder-Uni-Vorlesung wurde das demonstriert, aber das kann jeder auch selbst ausprobieren: Wir brauchen eine 4,5 V-Flachbatterie, eine Glühlampe für 4,5 V oder 6 V mit einer Fassung, und drei isolierte Kupferdrähte, etwa 50 Zentimeter lang. Von den Enden der Drähte entfernen wir die Isolierung und verbinden je einen Draht mit den beiden Anschlüssen der Lampenfassung. Verbinden wir die anderen Enden der Drähte mit den Polen der Batterie, so leuchtet die Lampe. Jetzt trennen wir den einen Draht vom Pluspol der Batterie ab und befestigen den dritten Draht am Pluspol. Drücken wir nun die beiden losen Drahtenden zusammen, so ist der Stromkreis wieder geschlossen und die Lampe leuchtet.

Aber warum leuchtet die Lampe eigentlich? Die elektrische Spannung können wir uns als die Kraft vorstellen, die die

Elektronen durch den Draht und die Lampe drückt. Wenn der Stromkreis geschlossen ist, können die Elektronen sich vom einen Pol der Batterie durch den Draht und die Lampe bewegen und es fließt ein elektrischer Strom. Allerdings können sich die Elektronen nicht völlig ungehindert bewegen, sie werden von dem Material, aus dem der Draht und auch der Glühfaden in der Lampe besteht, gebremst. Zum Vergleich stellen wir uns zwei Trinkröhrchen vor, ein dickes und ein dünnes. Wenn man daran saugt, fließt zum Beispiel Apfelsaft hindurch. Wenn man mit der gleichen Kraft saugt, wird man merken, dass durch das dicke Röhrchen mehr Saft strömt als durch das dünne. Das dünne Röhrchen hat dem Apfelsaftstrom einen größeren Widerstand entgegengesetzt. Genau so ist es auch mit dem elektrischen Strom. Die Kraft mit der man am Trinkröhrchen saugt, entspricht der elektrischen Spannung und die Geschwindigkeit, mit der der Saft durch das Trinkröhrchen fließt, entspricht dem elektrischen Strom. Ein dünner Draht setzt dem elektrischen Strom einen höheren Widerstand entgegen als ein gleich langer, dicker Draht. In unserem Glühlämpchen befindet sich ein hauchdünner Draht aus einem speziellen Metall mit dem Namen Wolfram. Das ist der Glühfaden. Dieses kurze, sehr dünne Drähtchen stellt in unserem gesamten Stromkreis den größten Widerstand dar. Alle Elektronen, die in den dicken Kupferdrähten genügend Platz haben, müssen sich durch diesen engen Wolfram-Draht zwängen. Dabei stoßen sie häufig mit den Atomkernen zusammen und erhitzen dabei den Draht. Er wird so heiß, dass er anfängt zu glühen und die Lampe leuchtet. Man nimmt deshalb Wolfram für den Glühfaden, weil Wolfram bei dieser hohen Temperatur nicht schmilzt. Würde der Draht schmelzen, wäre der Stromkreis unterbrochen und die Lampe leuchtete nicht mehr.

Den Zusammenhang zwischen Spannung, Strom und Widerstand hat als Erster der deutsche Physiker Georg Simon Ohm (1789–1854) entdeckt und er ist als „Ohmsches Gesetz" eines der wichtigsten Gesetze der Elektrizitätslehre.

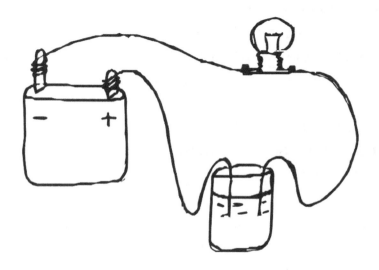

Leitet Wasser den elektrischen Strom auch?

Jetzt wollen wir untersuchen, ob alle Stoffe den elektrischen Strom leiten. Dazu besorgen wir uns verschiedene Materialien: Holz (ein Stock), Eisen (ein langer Nagel), Plastik (ein Trinkröhrchen), Kupfer (ein Draht), Silber (ein Teelöffel aus Silber), Glas (ein Trinkglas). Ihr könnt auch Papa oder Mama fragen, ob sich Aluminium, Messing oder Gold findet. Jetzt bringen wir die beiden losen Enden der Drähte mit den Enden des Nagels in Kontakt und siehe: Die Lampe leuchtet.

Versuchen wir es mit dem Trinkröhrchen, so leuchtet die Lampe nicht. Wenn wir das mit allen Materialien ausprobiert haben, stellen wir fest: Manche Stoffe leiten den elektrischen Strom, es sind „elektrische Leiter", manche Stoffe leiten den Strom nicht, es sind „Isolatoren". Alle Metalle sind z. B. gute Leiter, während Holz, Glas und Plastik den Strom nicht leiten. Jetzt wollen wir untersuchen, ob Wasser ein elektrischer Leiter ist. Wir füllen ein Trinkglas mit Wasser und tauchen die beiden losen Drahtenden hinein, ohne dass die Drähte sich direkt berühren. Ergebnis: Die Lampe leuchtet nicht. Jetzt lösen wir zwei Teelöffel Kochsalz in dem Wasser auf und versuchen es erneut: Die Lampe leuchtet.

Wir stellen fest: Wasser leitet den Strom nicht. Aber Vorsicht: **Es ist lebensgefährlich, elektrische Geräte mit nassen Fingern anzufassen!**

Lösen wir Salz im Wasser auf – und im Handschweiß ist auch Salz enthalten – so wird es leitend. Salze bestehen meist aus zwei verschiedenen Atomsorten, die, wenn das Salz trocken ist, feste Kristalle bilden und den Strom nicht leiten. Kochsalz besteht zum Beispiel aus Natrium- und Chlor-Atomen und heißt als Salz „Natriumchlorid". Beim Auflösen im Wasser zerfallen die Verbindungen zwischen den Atomen und sie trennen sich voneinander. Dabei nimmt das Chlor-Atom ein Elektron, das eigentlich dem Natrium-Atom gehört mit und ist somit negativ geladen. Dem Natrium-Atom fehlt dafür ein Elektron und es hat jetzt eine positive Ladung. Diese im Wasser gelösten Atome werden als „Ionen" bezeichnet. Sie tragen eine elektrische Ladung und können sich im Wasser bewegen. In unserem Glas voll Salzwasser ist das Kochsalz in positive Natrium-Ionen und negative Chlorid-Ionen zerfallen. Tauchen wir unsere losen Drahtenden, wir nennen sie auch „Elektroden", in das Salzwasser, so wandern die positiven Natrium-Ionen zu dem Draht, der zum Minuspol der Batterie führt und die negativen Chlorid-Ionen zu dem Draht, der zum Pluspol der Batterie führt. Wenn die Ionen die Elektrode erreicht haben, so geben die Chlorid-Ionen ihr überschüssiges Elektron an den Draht ab und dort wandert es durch das Metall des Drahtes zum Pluspol der Batterie. Wenn man genau hinsieht, erkennt man, dass an dem Draht kleine Bläschen entstehen und es entsteht langsam ein stechender Geruch. Das ist Chlorgas, ein giftiges Gas. Deshalb darf man diesen Versuch nur kurze Zeit und nur bei geöffnetem Fenster machen! Die positiven Natrium-Ionen erhalten ihr fehlendes Elektron zurück, wenn sie die Elektrode erreichen, die mit dem Minuspol der Batterie verbunden ist. So haben wir in unserem Stromkreis jetzt sogar zwei verschiedene Arten von Leitern: Elektronenleiter, das sind die Drähte aus Metall, in dem Elektronen wandern können und einen Ionenleiter, die Salzlösung, in der geladene Ionen wandern können. In beiden Fällen werden elektrische Ladungen transportiert, es fließt ein elektrischer Strom.

Wir fassen zusammen: Ursache für die Elektrizität sind geladene Teilchen. Sie können positiv oder negativ geladen sein. Zwischen geladenen Teilchen wirken Kräfte. Unterschiedliche Ladungen ziehen sich an, gleiche Ladungen stoßen sich ab. Wenn Ladungen sich bewegen, nennt man das elektrischen Strom. Strom kann durch Metalle, Salzlösungen und andere Leiter fließen. Stoffe, die den elektrischen Strom nicht leiten, werden „Isolatoren" genannt. Der elektrische Strom fließt immer vom Pluspol der Stromquelle zu deren Minuspol, egal, in welche Richtung sich die geladenen Teilchen bewegen. So wandern die negativen Elektronen in einem Metalldraht vom Minuspol in Richtung Pluspol. In Salzlösungen gibt es sowohl positiv als auch negativ geladene Ionen. Die positiv geladenen Ionen wandern zur negativen Elektrode, gleichzeitig wandern die negativ geladenen zur positiven Elektrode. Trotzdem sagt man, der Strom fließt von Plus nach Minus.

Magnetismus

Es gibt aber noch eine andere Erscheinung, die sehr eng mit der Elektrizität verbunden ist: Den Magnetismus. Jeder weiß, dass ein Magnet auf kleine Nägel oder Schrauben Kräfte ausübt oder dass ein Magnetsticker ohne Klebstoff an der Kühlschranktür haftet. Aber nicht alle Schrauben werden vom Magneten angezogen. Schrauben aus Messing oder Kupfer zum Beispiel nicht. Wenn wir das näher untersuchen, stellen wir fest, dass die meisten Stoffe nicht vom Magneten angezogen werden. Holz, Glas, Plastik, Silber, Gold, Leberwurst, Aluminium usw. werden nicht angezogen. Es gibt nur sehr wenige Stoffe, die wirklich vom Magneten angezogen werden. Der wichtigste ist Eisen, aber wenn man in Opas Schatzkiste vielleicht eine alte Münze aus Nickel findet, so stellt man fest, dass auch das Metall Nickel magnetisch ist. Es gibt inzwischen eine Reihe künstlicher Metallgemische, sogenannte „Legierungen", die sogar viel stärker magnetisch sind als Eisen. Trotzdem werden die magnetischen Stoffe in Anlehnung an das lateinische Wort „Ferrum" (Eisen) als „ferromagnetische" Stoffe bezeichnet.

Die Kraftwirkung, die von einem Magneten ausgeht, kann man auch sichtbar machen. Wir legen dazu einen Stabmagneten unter eine Glasplatte und streuen mit einem Salzstreuer feines Eisenpulver auf die Glasplatte. Man erkennt jetzt, dass das Eisenpulver sich zu geordneten Strukturen auf der Glasplatte anordnet. In der Nähe der Enden des Magnets sammeln sich sehr viele Eisenkörnchen, dort ist die Kraftwirkung am größten.

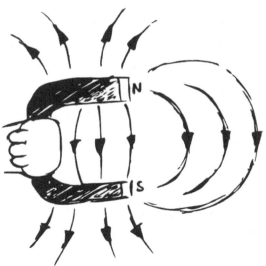

Magnetische Feldlinienbilder eines Stabmagneten, zweier Stabmagneten und eines U-Magnets

Man bezeichnet die Enden des Stabmagneten als die magnetischen Pole. Aber auch in der Umgebung des Magneten ordnen sich die Eisenkörnchen an, so als würden Linien von dem einen Pol zum anderen verlaufen. Das sind die

Kraftwirkungslinien oder auch die „magnetischen Feldlinien" des Magneten. Sie laufen immer von einem Pol des Magneten zum anderen. Mit verschieden geformten Magneten und auch mehreren Magneten können wir den Verlauf der Feldlinien so untersuchen. Wir dürfen aber am Ende nicht vergessen, das Eisenpulver wieder aus dem Salzstreuer herauszunehmen und den Salzstreuer gründlich auszuwaschen, sonst gibt es spätestens beim nächsten Abendessen Ärger.

Nehmen wir zwei Stabmagnete, so stellen wir fest, dass sie sich entweder anziehen oder voneinander abstoßen, je nachdem mit welchen Polen sie aufeinander zu bewegt werden. Denn wie jede Stromquelle, so hat auch jeder Magnet zwei verschiedene Pole, einen Nordpol und einen Südpol. Oft ist der Nordpol eines Magneten rot markiert und der Südpol grün. Wir stellen fest: Ungleichnamige Pole (also Nord- und Südpol) zweier Magnete ziehen sich an, gleichnamige Pole (also Nord- und Nordpol oder Süd- und Südpol) stoßen sich ab.

Hängt man einen Stabmagneten waagerecht an einem dünnen Bindfaden in der Mitte des Zimmers, z. B. an der Deckenlampe auf, so dass der Magnet genau waagerecht steht, so dreht er sich zunächst, aber nach einer Weile schwingt er hin und her und endlich wird er in eine bestimmte Richtung zeigen. Stößt man ihn wieder an, dreht er sich wieder, schwingt dann eine Weile hin und her, aber am Ende zeigt er wieder in die gleiche Richtung. Das liegt daran, dass die Erde selbst ein riesengroßer, allerdings sehr schwacher Magnet ist. Das Magnetfeld der Erde dreht unseren Stabmagneten so, dass sein Nordpol am Ende immer nach Norden und sein Südpol nach Süden zeigt. Wenn aber ungleichnamige Pole sich anziehen, so führt das zu dem verblüffenden Ergebnis, dass das Erdmagnetfeld seinen Südpol im Norden und seinen Nordpol im Süden hat! Und so ist es tatsächlich.

Auch die Erde hat ein riesiges, aber schwaches Magnetfeld

Unser am dünnen Faden aufgehängter Stabmagnet ist also ein Kompass, der die Nordrichtung anzeigt. Wir können uns aber auch einen Kompass bauen, wie ihn schon die Seefahrer vor tausenden Jahren im antiken Griechenland benutzt haben. Dazu brauchen wir einen starken Magneten, eine Nähnadel aus Eisen, einen Flaschenkorken und einen Suppenteller. Die Nähnadel ist wahrscheinlich nicht magnetisch, denn auch ferromagnetische Stoffe sind zunächst nicht magnetisch. Man kann sie aber magnetisieren, indem man mit einem starken Magnet etwa fünfzig bis einhundert Mal in der gleichen Richtung darüberstreicht. Danach ist unsere Nähnadel magnetisiert.

Unser selbst gebauter Kompass

Jetzt schneiden wir von dem Korken eine etwa 4 bis 5 Millimeter dicke Scheibe ab, stechen die magnetisierte Nadel durch den Durchmesser der Korkscheibe, füllen den Suppenteller mit Wasser und lassen unsere selbst gebaute Kompassnadel in der Mitte schwimmen. Nach kurzer Zeit richtet sie sich in Nord-Süd-Richtung aus. Jetzt müssen wir nur noch herausfinden, wo Norden und wo Süden ist. Das ist aber ganz leicht, denn jeder weiß, dass die Sonne mittags im Süden steht; unsere Kompassnadel zeigt es genau an.

Ein nächstes Experiment soll zeigen, ob die magnetische Kraft auch Stoffe durchdringen kann. Wir befestigen einen starken Magneten an der Unterseite der Tischplatte, z. B. mit einem breiten Klebestreifen.

Magnet unter dem Küchentisch

Dann binden wir eine Büroklammer oder einen Nagel aus Eisen an einen sehr dünnen Faden, der etwa 10 Zentimeter kürzer ist als die Tischplatte hoch. Das andere Ende des Fadens kleben wir mit einem Klebestreifen am Fußboden genau unter dem Magneten fest. Wenn wir jetzt die Büroklammer zum Magneten hochheben, reicht der Faden nicht bis zum Magneten. Die Büroklammer wird aber trotzdem vom Magneten angezogen und schwebt anscheinend an dem gespannten Faden etwa 10 cm unter dem Magneten. Jetzt schieben wir ein dünnes Buch zwischen Magnet und Büroklammer: Die Magnetkraft durchdringt das Buch offenbar mühelos. Das Gleiche probieren wir mit einem Küchenbrett, einem Teller, einer Glasscheibe und noch anderen Materialien. Durch fast alle Stoffe kann die

Magnetkraft hindurchdringen. Nur ein Eisenblech kann die Magnetkraft nicht durchdringen, die Büroklammer fällt zu Boden, sobald wir das Eisenblech zwischen Büroklammer und Magneten schieben.

Elektromagnetismus

Wir stellen unseren Kompass an den Rand eines Tisches und spannen einen Kupferdraht senkrecht zur Tischplatte dicht an der Spitze der Kompassnadel auf. Da Kupfer nicht magnetisch ist, beeinflusst der Draht die Kompassnadel nicht. Wenn wir jetzt einen elektrischen Strom durch den Draht fließen lassen, beobachten wir, dass die Kompassnadel ihre Lage verändert. Das bedeutet, dass ein elektrischer Strom ein eigenes Magnetfeld aufbaut. Der dänische Physiker Hans Christian Oersted (1777–1851) hat dies als Erster genau untersucht und fand heraus, dass ein stromdurchflossener Leiter von ringförmigen magnetischen Feldlinien umgeben ist. Da sie ringförmig sind, haben sie keinen Anfang und kein Ende; Magnetpole gibt es in diesem Falle nicht. Trotzdem kann man ihnen eine Richtung von Nord nach Süd zuweisen und Oersted stellte die „Rechte-Hand-Regel" auf: Wird ein elektrischer Leiter von einem Strom durchflossen, dessen Richtung (also von plus nach minus) in Richtung des Daumens der rechten Hand zeigt, so umgeben ihn ringförmige magnetische Feldlinien in Richtung der Finger der rechten Hand.

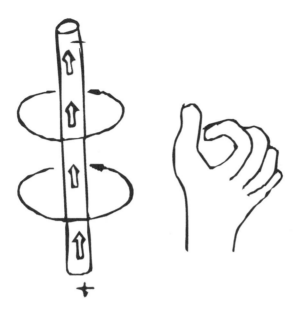

Die erste Rechte-Hand-Regel: *Fließt der Strom in Richtung des ausgestreckten Daumens der rechten Hand durch einen geraden Draht, so wird der Draht von ringförmigen Magnetfeldlinien, die in Richtung der gekrümmten Finger zeigen, umgeben.*

Benutzt man anstelle eines geraden Leiters eine Leiterschleife, so verdichten sich die Feldlinien im Inneren der Schleife und das Magnetfeld wird stärker. Wickelt man den Draht zu einer Spule, so erhält man im Inneren ein noch stärkeres Magnetfeld. Wickelt man die Spule um einen Kern aus Eisen, so wird das Magnetfeld noch erheblich stärker.

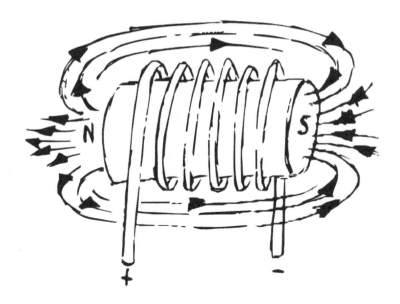

Magnetisches Feld eines stromdurchflossenen geraden Leiters, einer Leiterschleife, einer Spule und einer Spule mit Eisenkern

Mit der Entdeckung von Christian Oersted wurde es möglich, durch elektrischen Strom eine Magnetkraft zu erzeugen und viele technische Geräte, wie z. B. Elektromagnete, elektrische Türschlösser und später auch der Elektromotor wurden entwickelt.

Wenn ein stromdurchflossener Draht ein eigenes Magnetfeld aufbaut ist er also auch ein Magnet. Und wir haben gelernt, dass zwischen zwei Magneten anziehende oder abstoßende Kräfte wirken, je nachdem, wie die Magnete gepolt sind. Demnach müsste auf einen stromdurchflossenen Draht, der sich im Magnetfeld eines anderen Magneten befindet, auch eine Kraft wirken. Diese Kraft gibt es wirklich, sie wird nach ihrem Entdecker, dem niederländischen Physiker Hendrik Antoon Lorentz (1853–1928), als „Lorentz-Kraft" bezeichnet. Die Lorentz-Kraft wirkt auf bewegte Ladungen in einem Magnetfeld, also auch auf einen stromdurchflossenen Draht, denn in ihm bewegen sich ja Elektronen. Sie ist am stärksten, wenn der Draht senkrecht zu den magnetischen Feldlinien verläuft. Verläuft der Draht parallel zu den Feldlinien gibt es keine Lorentz-Kraft.

Im folgenden Bild ist dargestellt, in welche Richtung die Lorentz-Kraft auf einen stromdurchflossenen Draht wirkt, der sich im Magnetfeld eines U-Magneten befindet. Auch hier gibt es wieder eine „Rechte-Hand-Regel".

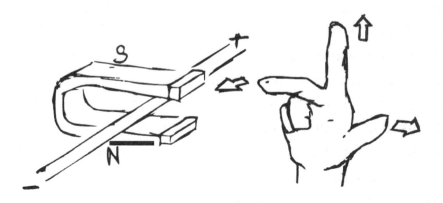

Die zweite Rechte-Hand-Regel: *Verlaufen die magnetischen Feldlinien (von Nord nach Süd) in Richtung des Zeigefingers der rechten Hand und fließt der Strom (von Plus nach Minus) in Richtung des abgewinkelten Mittelfingers, so wirkt die Lorentz-Kraft in Richtung des Daumens.*

Die Lorentz-Kraft ist die physikalische Ursache, die es ermöglicht, Elektromotoren zu konstruieren. Ein Elektromotor besteht im einfachsten Fall aus einem feststehenden Magneten, dem „Stator". Der Stator hat einen zylinderförmigen Hohlraum, in dem das Magnetfeld des Stators sehr stark ist. In diesem Hohlraum wird, drehbar gelagert, der Anker aufgehängt. Der Anker besteht aus einem Eisenkern, der sich um seine Achse drehen kann. Um den Anker wird eine Drahtspule gewickelt, die Ankerwicklung. Fließt durch diese Spule ein Strom, so wirkt auf jeden Drahtabschnitt, der senkrecht zu den magnetischen Feldlinien verläuft, die Lorentz-Kraft, also auf die Drahtabschnitte, die entlang des Mantels des Ankerkerns verlaufen. Auf die Drahtabschnitte, die sich am Nordpol des Stators befinden, wirkt die Lorentz-Kraft nach oben, auf die Drahtabschnitte, die sich gerade am Südpol befinden, wirkt sie nach unten. Da der Anker drehbar ist, dreht er sich also gegen den Uhrzeigersinn. Das ist genau so, wie wenn man auf das schräg nach vorne und oben stehende Pedal eines Fahrrades tritt. Die Drehung geht aber nur so weit, bis die Ankerwicklung genau senkrecht steht, dann werden die oberen Ankerleiter nach oben und die unteren nach unten gedrückt, wie beim Fahrradpedal, das genau unten steht. Da kann man treten, so stark man kann, das Tretrad dreht sich nicht. Man spricht vom „Totpunkt" des Pedals. Beim Fahrradpedal muss man nun mit dem anderen Fuß auf das andere, jetzt oben stehende Pedal treten und kann so wieder eine halbe Drehung machen bis der nächste Wechsel erfolgen muss.

Beim Elektromotor erfolgt dieser Wechsel, indem, wenn die Ankerwicklung den Totpunkt erreicht, die Richtung des Stroms geändert wird. Dazu dient der „Kommutator" oder auch „Stromwender" genannt. Es ist ja sowieso die Frage, wie es technisch gelingt, einen elektrischen Kontakt zwischen den feststehenden Anschlussklemmen des Motors und der rotierenden Ankerwicklung herzustellen. Dazu sind auf der rotierenden Motorwelle zwei Halbschalen aus Kupfer angebracht, die sich nicht berühren, aber mit den beiden Enden der Ankerwicklung verbunden sind. Gegen die Halbschalen aus Kupfer werden nun mit Federn zwei so genannte „Kohlebürsten" gedrückt, das sind zwei Klötzchen aus einem besonderen Material namens „Graphit". Graphit ist auch der Stoff aus dem die Bleistiftmine besteht. Graphit hat zwei wichtige Eigenschaften: Es leitet den elektrischen Strom und wirkt an der Stelle, wo es die rotierende Motorwelle berührt, wie Öl, das diese Reibstelle schmiert. Über die Kohlebürsten wird der Strom in die Ankerwicklung geleitet und bei jeder halben Umdrehung umgekehrt. So kann mit dem Elektromotor elektrische Energie in mechanische Dreh-Kraft umgewandelt werden.

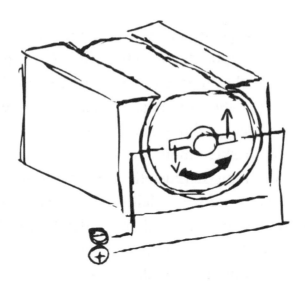

Zur Funktion des Elektromotors:

- *Die Lorentz-Kraft wirkt auf die oberen Ankerleiter nach oben und auf die unteren nach unten. Dadurch wird der Anker gegen den Uhrzeigersinn gedreht.*
- *Der Anker befindet sich am Totpunkt. Die Lorentz-Kraft auf die oberen und die unteren Ankerleiter wirkt genau entgegengesetzt und bewirkt keine weitere Drehung. Da der Anker aber noch Schwung hat, dreht er sich trotzdem über den Totpunkt hinweg.*
- *Jetzt wird durch den Kommutator die Stromrichtung umgepolt und die oberen Ankerleiter werden nach unten und die unteren nach oben gezogen. Der Anker wird weiter gegen den Uhrzeigersinn gedreht.*

Schon vor fast zweihundert Jahren stellte der englische Universalgelehrte Michael Faraday (1791–1867) sich die Frage, ob es auch umgekehrt geht, ob man mit Hilfe des Magnetismus auch mechanische Kraft in Elektrizität umwandeln kann. Er machte viele Experimente und fand heraus, dass in einer Spule eine elektrische Spannung entsteht, wenn man einen Stabmagneten in ihr bewegt. Es genügt nicht, dass ein Magnetfeld in der Spule vorhanden ist, sondern es muss sich bewegen.

Je schneller der Stabmagnet in der Spule bewegt wird, umso höher wird die elektrische Spannung. Dabei ist es egal, ob die Spule stillsteht und der Magnet bewegt wird, oder umgekehrt. Es muss auch nicht ein Stabmagnet sein, der hin und her bewegt wird. Auch wenn ein Magnet sich dreht und sich in dem bewegten Magnetfeld eine Spule befindet, so entsteht in der Spule eine elektrische Spannung. Eine kleine Maschine, die jeder kennt, ist der Fahrraddynamo. In seinem Inneren sitzt ein Magnet auf der drehbaren Welle, die mit dem Antriebsrädchen verbunden ist. Dreht sich das Rädchen, so dreht sich auch der Magnet. Gegenüber dem Magneten befindet sich ein Eisenkern, der das ebenfalls rotierende Magnetfeld auffängt. Um den Eisenkern ist eine Spule gewickelt, in der die Spannung entsteht. Schließt man an die Spule eine Lampe an, so fließt ein Strom und die Lampe leuchtet. Aber nur, wenn der Dynamo sich dreht. Man kann auch beobachten, dass die Lampe umso heller leuchtet, je schneller man fährt, also je schneller der Dynamo sich dreht.

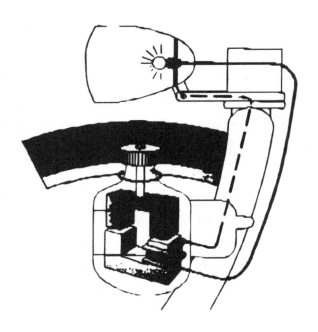

Fahrraddynamo. Das Magnetfeld des rotierenden Magneten erzeugt in der stillstehenden Spule eine Spannung

Was am Fahrrad mit einem kleinen Dynamo geschieht, passiert in Stromkraftwerken mit riesigen Dynamos, den so genannten „Stromgeneratoren". Sie sind ähnlich aufgebaut wie ein Dynamo, aber zwanzig oder dreißig Meter lang. Angetrieben werden sie von ebenfalls riesigen Turbinen, die wie ein Windrad von einem heißen Wasserdampfstrahl angetrieben werden und den Generator drehen. In Wasserkraftwerken treibt das strömende Wasser eines Flusses ein Schaufelrad an, das sich dann wie ein Propeller dreht. Bei Windkraftanlagen kann man direkt sehen, wie der riesige Propeller vom Wind angetrieben wird und den Generator dreht.

Die Entdeckung Faradays legte den Grundstein für die Entwicklung dieser Technik und damit für die Entwicklung der Industrie wie wir sie heute kennen.

Klausur

Frage 1

Metalle wie Kupfer, Aluminium oder Gold haben eine gemeinsame Eigenschaft:

O = Sie sind gute elektrische Leiter

M = Sie sind gute Isolatoren

H = Sie sind magnetisch.

Frage 2

Werden außer Eisen noch andere Stoffe von Magneten angezogen?

O = Nein, nur Eisen wird vom Magneten angezogen.

S = Ja, auch Nickel ist magnetisch.

E = Alle Stoffe, die den elektrischen Strom leiten sind auch magnetisch.

Frage 3

Unter welchen Umständen kann ein elektrischer Strom fließen?

B = Der Stromkreis muss sich in einem Magnetfeld befinden.

R = Es muss ein geschlossener Stromkreis vorliegen.

T = Im Stromkreis müssen elektrische Leiter und Isolatoren enthalten sein.

Frage 4

Wie kann man mit einem Magneten und einer Drahtspule elektrischen Strom erzeugen?

M = Man muss die Spule im Magnetfeld bewegen.

E = Das geht nur, wenn man auch eine Batterie hat.

O = Die Spule muss aus Eisendraht bestehen.

Frage 5

Welche Kraft wirkt auf stromdurchflossene Leiter in Magnetfeldern?

R = Reibungskraft

L = Schwerkraft

T = Lorentz-Kraft

Der Autor

Prof. Dr. Thomas Goldmann

Thomas Goldmann wurde 1958 in Mecklenburg geboren. Schon als Kind interessierte er sich für Mathematik und Naturwissenschaften. Von 1980 bis 1985 studierte er Physik an der Universität Rostock und promovierte dort 1989.

Anschließend arbeitete er als wissenschaftlicher Mitarbeiter am Institut für Anorganische Chemie in Berlin auf dem Gebiet der Elektrochemie, später am Institut für Technologie und Umweltschutz in Berlin-Adlershof an der Entwicklung elektrochemischer Methoden im Umweltschutz sowie geophysikalischer Messverfahren in Umweltschutz und Archäologie. Seit 1989 war Goldmann als Dozent an verschiedenen Hochschulen in Rostock, Berlin und Wildau tätig und wurde 2009 zum Professor für Elektrotechnik und Elektronik an die TH Wildau berufen. Er hat drei erwachsene Kinder und spielt im Hochschulorchester der TH Wildau Violine.

Strom sparen zu Hause – wie geht das?

Prof. Birgit Wilkes

Was ist Energie?

In unserem Alltag brauchen wir überall Energie, Benzin für unsere Autos, Wärme für unsere Wohnungen im Winter oder Strom für den Kühlschrank, den Fernseher, das Smartphone oder unsere Lampen. Ohne die Nutzung von Energie ist unser Leben gar nicht vorstellbar. Energie kann ich nicht wirklich verbrauchen, so dass sie weg ist, sondern nur umwandeln. In Kohle zum Beispiel ist Energie gespeichert, die ich in Wärmeenergie umwandeln kann, wenn ich sie verbrenne. Mit dieser Wärme kann ich nun wieder heißen Wasserdampf machen und daraus mit Hilfe einer Turbine Strom erzeugen. So kann ich Energie, die in einem Stoff, dem sogenannten Energieträger, wie Kohle, Gas oder Öl gespeichert ist, umwandeln in Wärme oder in Strom.

Energie wird zwar nicht verbraucht, sondern immer nur in andere Formen umgewandelt, dumm ist nur, dass das nicht in jeder Richtung funktioniert. Das heißt, ich kann nicht aus Wärme oder Stromwieder Kohle oder Öl machen. Und da unsere Erde nur einen begrenzten Vorrat an Energieträgern wie Kohle oder Erdöl hat, gehen sie irgendwann zu Ende. Darauf müssen wir natürlich vorbereitet sein. Außerdem gibt es da noch ein zweites Problem. Wenn ich Kohle, Öl oder Erdgas verbrenne, entsteht das unsichtbare Gas CO_2, das auch Kohlendioxyd genannt wird. Dieses Gas zerstört unsere Erdatmosphäre und trägt zur Klimaerwärmung auf der Erde bei.

Was kann ich also tun, wenn ich gerne mehr Energie hätte, als eigentlich da ist und ich auch noch das Klima auf unserer Erde schützen will? Richtig, ich habe da grundsätzlich zwei Möglichkeiten:

1. Da Energie ja nicht verloren geht, sondern immer nur umgewandelt wird, kann ich schauen, ob ich nicht neue, andere Energieträger finde, die ich in Wärme oder Strom umwandeln kann und die in genügender Menge auf der Erde vorhanden sind.

2. Wenn ich weiß, dass ich von etwas nicht sehr viel habe, dann kann ich sparsam damit umgehen. Die zweite Möglichkeit ist also das Energiesparen.

Nur wenn wir diese beiden Dinge tun, werden wir auch in Zukunft immer genügend Energie haben.

Erneuerbare Energie

Eigentlich gibt es genug Energie auf der Erde, ich muss sie nur immer in die Form umwandeln können, in der ich sie gerade brauche. In Island z. B. gibt es so viele heiße Quellen, die direkt aus der Erde kommen, dass die Menschen dort damit alle ihre Wohnungen und Häuser heizen können. Sie brauchen gar keine Kohle, kein Öl und kein Kraftwerk, das Wärme erzeugt. Sie nutzen das heiße Wasser aus der Erde.

Hier bei uns in Deutschland haben wir so etwas nicht, aber es gibt andere Energieformen wie Sonne und Wind oder die Kraft von Wasserbewegung, die auch wir nutzen können. Man nennt diese Energie auch erneuerbare Energie, weil sie aus Quellen stammt, die niemals zu Ende gehen. Und noch einen großen Vorteil haben die erneuerbaren Energien: da bei ihrer Erzeugung nichts verbrannt wird, entsteht auch kein CO_2. Die Umwelt wird also durch erneuerbare Energien geschont. Leider kann ich diese tollen Energieträger aber nicht direkt nutzen. Die Energie aus Wind, Sonne oder Wasserkraft steht mir zwar fast immer zur Verfügung, aber ich muss sie erst umwandeln in Strom oder Wärme, die ich dann in die Häuser liefern kann. Diese Umwandlung kostet ziemlich viel Geld.

Nehmen wir beispielsweise den Wind. An der Küste oder auf Feldern oder Hügeln, wo viel Wind weht, werden Windkrafträder gebaut. Deren Flügel drehen sich, wenn der Wind weht. Hierbei wird die Energie des Windes also zunächst umgewandelt in Bewegungsenergie des Windrades. Über einen Generator wird diese Bewegungsenergie dann in elektrische Energie umgewandelt. Der Wind selber ist zwar kostenlos, aber der Aufwand und die Kosten, um aus dem Wind dann schließlich elektrischen Strom zu machen, sind ganz schön hoch. Genauso ist es auch bei der Sonnenenergie, die in Strom oder für Heizungen nutzbare Wärmeenergie umgewandelt werden muss.

Ein Problem ist, dass uns Wind und Sonne zwar nie ausgehen, sie uns beide aber nicht immer zur Verfügung stehen. Die Sonne scheint nachts gar nicht, also kann ich nachts aus Sonnenenergie auch keinen Strom und keine Wärme produzieren. Ob und wie viel die Sonne tagsüber scheint, ist auch sehr unterschiedlich. Manchmal gibt es ja so richtig trübe Tage, an denen es gar nicht richtig hell werden will. Dann kann ich auch kaum Strom aus Sonnenenergie erzeugen. Auch auf den Wind kann man sich nicht richtig verlassen. An manchen Tagen stürmt es so, dass sich die Flügel der Windkraftwerke sehr schnell drehen. Dann kann es sogar sein, dass Windkraftanlagen abgeschaltet werden, weil sie zu viel Strom produzieren, der im Moment gar nicht gebraucht wird. Zu anderen Zeiten gibt es tagelang fast gar keinen Wind und damit auch gar keinen Strom.

Es ist also so, dass bei den erneuerbaren Energien nur Strom oder Wärme produziert werden können, wenn die Sonne scheint oder der Wind weht. Manchmal erzeugen wir so zu viel Energie, zu anderen Zeiten dann zu wenig. Dummerweise brauchen wir Strom und Wärme aber immer. Wer will schon auf Licht oder den Fernseher verzichten, wenn der Wind gerade nicht weht? Was kann ich machen, wenn ich zu bestimmten Zeiten mehr von einer Sache habe als ich brauche? Normalerweise hebe ich die übrigen Sachen auf. Nur mit Energie geht das nicht so leicht. Wärme und Strom lassen sich nur schwer speichern. Mit Batterien zum Beispiel kann man nur sehr kleine Mengen an Strom speichern. Daher versuchen Wissenschaftler, neue Möglichkeiten zum Speichern von Energie zu erforschen und zu entwickeln, damit wir zukünftig auch erneuerbare Energien speichern und zu einem späteren Zeitpunkt nutzen können. Im Moment nutzen wir die erneuerbaren Energien, wenn sie verfügbar sind, und zu den anderen Zeiten brauchen wir nach wie vor die Energie aus den Kohle oder Gaskraftwerken.

Weil Energie in Zukunft immer teurer werden wird und die Energieerzeugung auch nicht immer gut für die Umwelt ist, macht es auf jeden Fall Sinn Energie zu sparen. Beim Energiesparen kann jeder mitmachen. Es gibt ganz einfache Dinge, an die wir alle denken können, wie zum Beispiel immer das Licht auszumachen, wenn wir aus einem Zimmer gehen.

Strom sparen

Um zu verstehen, wo und wie ich eigentlich wie viel Strom sparen kann, muss ich erst einmal wissen, wie Energie gemessen wird. Die Energie, die ein Gerät verbraucht, wird in der Einheit Watt angegeben, die mit einem W abgekürzt wird. Je höher der Wert ist, desto mehr Energie wird verbraucht.

Aber welche Geräte verbrauchen eigentlich wie viel Energie? Das ist gar nicht so einfach zu sagen. Wir bekommen einmal im Jahr unsere Stromrechnung. Dort steht nur, wie viel Strom wir in einem Jahr verbraucht haben, aber nicht, welches Gerät wie viel Strom verbraucht hat. Bei einigen Geräten steht drauf, wie viel Energie sie verbrauchen. Zum Beispiel verbraucht eine 40 W Glühbirne 40 Watt. Bei den meisten Geräten ist das aber nicht so einfach. Um dem Stromverbrauch in einer Wohnung auf den Grund zu gehen, habe ich zusammen mit Studierenden der TH Wildau den Stromverbrauch einer Wohnung gemessen und auf einem PC dargestellt. Wir haben also den Verbrauch zu jeder Zeit sichtbar gemacht. Daneben hat das Programm uns zu jeder Viertelstunde angezeigt, wie viel Strom verbraucht wurde und wie viel das gekostet hat.

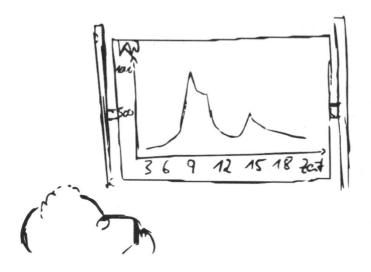

Auf dem Bild sieht man an einer Stelle einen ziemlich hohen Stromverbrauch. Der Verursacher ist gar kein großes Gerät, es ist eine Kaffeemaschine. Sie muss das Wasser für den Kaffee aufheizen und benötigt dafür sehr viel Energie. Sie verbraucht dann etwa 900 W. Aber auch wenn ich sie anlasse, damit die Warmhalteplatte den Kaffee weiter warm hält, verbraucht das über 80 W. Mache ich das an jedem Tag nur 2 Stunden lang, kostet mich nur das Warmhalten meines Kaffees 17,- Euro im Jahr. Da ist eine Thermoskanne doch preiswerter.

Um den Verbrauch von einzelnen Geräten ganz genau herauszubekommen, gibt es Messgeräte, die zwischen Steckdose und das Gerät gesteckt werden, das ich messen will. Um herauszubekommen, wie viel Strom wir verbrauchen und einsparen können, haben die Studierenden der TH Wildau und ich auch den Verbrauch aller Geräte in unseren Wohnungen mit einem Messgerät überprüft.

Natürlich verbrauchen die Geräte Strom, wenn sie angeschaltet sind. Es gibt auch einige Geräte, die nie ganz ausgeschaltet werden. Dazu gehört zum Beispiel der Fernseher, damit er schneller wieder angeht und immer auf die Fernbedienung reagieren kann. Man sagt dann, dass diese Geräte im „Stand-by-Modus" sind. Sie verbrauchen dann immer noch etwas Strom. Die meisten neueren Geräte verbrauchen im „Stand-by-Modus" nur sehr wenig, ältere verbrauchen aber teilweise noch recht viel Strom.

Wenn man Geräte ganz ausschaltet, verbrauchen sie keinen Strom – haben wir gedacht. Und dann kam die Überraschung: Wir haben Geräte gemessen, die wir ausgeschaltet haben und die trotzdem immer noch Strom verbraucht haben. Wir hatten den so genannten „Schein-Aus-Zustand" gefunden, ein Zustand, in dem ein Gerät Strom verbraucht, obwohl jeder denkt, dass es komplett ausgeschaltet ist. Woher kommt das? In diesen Geräten sind elektronische Bauelemente, so genannte Transformatoren, die Strom verbrauchen, auch wenn das Gerät ausgeschaltet ist und man es eigentlich gar nicht braucht. Man kann den Stromverbrauch bei diesen Geräten nur verhindern, wenn man den Stecker herauszieht oder die Steckdose selbst abschaltet. Es gibt auch Transformatoren, die sich abschalten lassen und keinen Strom verbrauchen. Sie sind allerdings teurer und werden daher nicht immer von den Herstellern in die Geräte eingebaut. Wie viel Strom man einsparen kann, kann man gut aus einer Liste der Geräte in meiner Wohnung sehen.

Alle diese Geräte verbrauchen Strom, auch wenn ich sie nicht brauche oder gar nicht da bin. Eigentlich könnte ich sie ganz ausschalten und dadurch Energie sparen.

Stromverbrauch von ausgeschalteten Geräten

Zusammen verbrauchen alle diese Geräte 83 W, die ich eigentlich auch einsparen könnte. Der Preis für Strom wird in Wattstunden bzw. Kilowattstunden (abgekürzt KWh) abgerechnet. „Kilo" bedeutet 1.000, eine Kilowattstunde sind also 1.000 Wattstunden. Beispiel: Leuchtet eine 40 Watt Glühlampe eine Stunde lang, verbraucht sie 40 Wattstunden, bei 3 Stunden sind es 120 Wattstunden. Leuchtet sie 10 Stunden, verbraucht sie also 400 Wattstunden oder 0,4 Kilowattstunden. Jetzt möchte ich ausrechnen, wie viel Geld ich im Jahr sparen kann, wenn ich diesen unnützen Stromverbrauch nicht hätte. Nehmen wir an, dass ich die Geräte nur etwa 8 Stunden pro Tag brauche, sie also die übrigen 16 Stunden abgeschaltet sein könnten. Ich multipliziere also die 83 Watt mit 16 Stunden (abgekürzt h) und erhalte 1.328 Wattstunden, die ich täglich sparen kann.

*Formel: 83 W * 16 h = 1.328 Wh*

Ich möchte aber die möglichen Einsparungen für ein Jahr wissen. Da ein Jahr 365 Tage hat, multipliziere ich die 1.328 Wattstunden noch mit den 365 Tagen.

*Formel: 83 W * 16 h * 365 Tage = 484.720 Wh*

Weil der Strom nicht nach Wattstunden, sondern nach Kilowattstunden abgerechnet wird, teile ich das letzte Ergebnis noch durch 1.000.

*Formel: 83 W * 16 h * 365 Tage / 1.000 = 484,72 KWh*

Der Strompreis pro Kilowattstunde liegt in Brandenburg im Moment bei etwa 28 Cent. Ich muss nun noch die 484,72 KWh mit 28 Cent oder 0,28 Euro multiplizieren.

*Formel: 484,72 KWh * 0,28 € = 135,72 €*

Ich kann also fast 136 Euro im Jahr sparen, indem ich Strom spare, der nur unnütz verbraucht wird. Was bedeutet das für unsere Umwelt? Bei der Erzeugung von Strom entsteht das für die Atmosphäre der Erde schädliche Gas CO_2. Obwohl wir in Deutschland schon eine ganze Menge Strom durch Wind und Sonne erzeugen, entsteht für jede erzeugte Kilowattstunde Strom noch ungefähr 569 g CO_2. Das ist zwar schon ein Viertel weniger als vor 25 Jahren, aber immer noch eine ganze Menge. Wenn wir pro Jahr 484,72 KWh Strom einsparen könnten und jede gesparte Kilowattstunde 569 g CO2 weniger bedeutet, ergeben sich insgesamt 275,8 Kg CO2 weniger Umweltbelastung durch nur einen einzigen Haushalt. Das ist ungefähr so schwer, wie drei erwachsene Männer und ein Kind zusammen wiegen.

Formel: *484,72 KWh * 569 g = 275.805,68 g / 1000 = 275,80568 Kg*

Es wäre doch toll, wenn jeder Haushalt in Deutschland Geld sparen und auch noch die Umwelt schützen könnte.

Allerdings ist es ziemlich umständlich, immer wenn man ein Zimmer oder die Wohnung für längere Zeit verlässt, die Stecker von allen möglichen Geräten aus der Steckdose zu ziehen. Eine einfache Möglichkeit ist, schaltbare Steckdosenleisten zu benutzen. Noch besser wäre es aber, wenn die Wohnung selbständig alle unnützen Stromverbraucher abschalten würde, wenn wir sie verlassen oder abends ins Bett gehen und die Geräte auch nicht mehr brauchen. Mit Systemen zur Gebäudeautomation kann man das tatsächlich schon machen.

Automatisch schalten wie im Auto

Eigentlich müsste eine Wohnung so ähnlich funktionieren wie ein Auto. Von jedem neuen Auto erwarten wir, dass es sich gegenüber dem alten verbessert hat. In jedem neuen Auto geht viel mehr automatisch. Im Auto geht selbstverständlich das Licht an, wenn wir die Tür öffnen. Vergessen wir, Licht oder Radio auszuschalten, wenn wir den Wagen verlassen, schalten diese Systeme sich selbständig ab oder das Auto warnt uns, dass wir etwas vergessen haben. Ein Regensensor schaltet die Scheibenwischer automatisch an und reguliert ihre Geschwindigkeit. Ein Sensor ist eine elektronische Schaltung, die irgendetwas messen oder überprüfen kann, z. B. die Helligkeit, damit sich beim Auto automatisch die Scheinwerfer anschalten, wenn es dunkel wird. In einem modernen Auto sind heute über 200 Sensoren eingebaut, die das Auto sicherer und bequemer machen.

In unseren Wohnungen hat sich in den letzten 20 bis 30 Jahren nicht viel verändert. Nichts geht automatisch an oder aus. Dabei könnte man das ganz ähnlich machen wie auch in Autos. Es wäre sehr hilfreich, wenn automatisch das Licht im Flur angeht, wenn ich mit Einkaufstüten beladen die Wohnungstür aufmache. Oder ich habe vergessen, die Herdplatten auszumachen und verlasse die Wohnung. Es wäre gut, wenn dann die Wohnung selbst merkt, dass niemand mehr da ist und die Herdplatten automatisch ausschaltet, damit kein Brand entsteht.

Auch beim Energiesparen könnte eine intelligente Wohnung helfen. In einigen Wohnungen funktioniert das auch schon und zwar folgendermaßen: Jedes Gerät und jede Steckdose, die ich automatisch schalten will, bekommt einen Funkempfänger, also ein kleine, elektronische Schaltung, die Strom an- und ausschalten kann und zwar per Funk. Das ist ähnlich wie bei der Fernbedienung für den Fernseher, nur dass ich jedes beliebige Gerät, das Strom verbraucht, damit an- und ausschalten kann. Das funktioniert entweder tatsächlich über eine Fernbedienung oder einen Schalter an der Wand.

Jedes elektrische Gerät, jede Steckdose oder jede Lampe bekommt also so einen Funkempfänger. Dann muss ich noch zuweisen können, welcher Empfänger auf welchen Schalter reagieren soll, was also passiert, wenn ich auf einen Schalter drücke. Jeder Schalter hat dazu eine so genannte Identifikationsnummer, das ist so etwas wie ein Name. Jeder Empfänger lernt nun, auf welchen Schalter er hören soll. Auf diese Weise kann ich zum Beispiel einen „Alles-Aus-Schalter" an meiner Wohnungstür anbringen, auf den alle Funkempfänger hören sollen. Wenn ich nun einmal beim Verlassen meiner Wohnung auf diesen Schalter drücke, sind alle elektrischen Geräte, Steckdosen und Lampen auf einmal ausgeschaltet.

Mit allen Geräten sollte ich das natürlich nicht machen, sondern mir vorher überlegen, was ich schalten will. Den Kühlschrank sollte ich beispielsweise nicht ausschalten. Aber so ein „Alles-Aus-Schalter" hat zwei Vorteile. Einmal kann er helfen Strom einzusparen, wenn ich nicht da bin und die Geräte nicht brauche. Außerdem kann ich auch ganz beruhigt sein, dass wirklich alles aus ist, wenn ich meine Wohnung verlassen habe und unterwegs bin.

Will ich auch noch von unterwegs schauen, ob auch wirklich alles aus ist, kann ich das über eine App auf dem Smartphone machen. Die Funkschalter können ihre Informationen ins Internet weiterleiten. Von dort aus kann ich sie dann mit dem Smartphone abrufen.

Wenn ich alle Geräte im Haus steuern kann, dann könnte ich einigen Geräten auch sagen, sie sollen nur angehen, wenn besonders viel Strom da ist, also beispielsweise gerade viel Wind weht oder die Sonne scheint. So könnte ich die regenerative Energie besser ausnutzen. Natürlich geht das nicht bei allen Geräten, denn ich will fernsehen, wenn ein guter Film läuft und nicht, wenn der Wind weht. Aber ich könnte am Morgen meine Waschmaschine beladen und so programmieren, dass sie angeht, wenn viel regenerativer Strom produziert wird. Gleichzeitig kann ich einstellen, dass sie auf jeden Fall spätestens abends um 19:30 Uhr fertig sein soll. Die Waschmaschine wählt dann alleine den Zeitpunkt, zu dem am meisten Strom vorhanden ist. Solche Geräte gibt es tatsächlich.

Technisch ist schon vieles möglich. In den nächsten Jahren werden sich sicher auch unsere Wohnungen verändern und immer mehr Dinge automatisch messen und steuern und damit auch helfen Energie zu sparen und besser regenerative Energie zu nutzen.

Klausur

Frage 1:

Welches der folgenden Dinge ist ein Energieträger?

EV = Korb mit Sonnenblumen

ND = Gas

GS = Besonders starker Mann

Frage 2:

Was ist der Schein-Aus-Zustand?

BE = Die Sonne scheint gerade nicht.

TN = In der Wohnung sind alle Lampen ausgeschaltet.

WI = Ein Gerät ist ausgeschaltet, verbraucht aber Strom.

Frage 3:

Wieviel Strom pro Jahr kostet das Warmhalten des Kaffees bei unserer Kaffeemaschine?

IM = 1,- €

EN = 17,- €

DE = 121,- €

Frage 4:

Wozu dient die Identifikationsnummer beim Funkschalter?

ER = Damit der Funkempfänger den Schalter lernt und erkennt, auf welchen er reagieren soll.

TN = Damit man weiß, wie viel er gekostet hat.

DA = Damit man ihn wiederfindet, wenn er geklaut wird.

Frage 5:

Was bedeutet das Wort „Kilo in Zusammenhang mit Maßeinheiten wie Kilowattstunde oder Kilometer?

SI = Es ist 10-mal so viel wie eine Wattstunde oder ein Meter.

ST = Es ist 100-mal so viel wie eine Wattstunde oder ein Meter.

IE = Es ist 1.000-mal so viel wie eine Wattstunde oder ein Meter.

Frage 6:

Wie kann eine intelligente Wohnung Strom besser ausnutzen?

G = Sie schaltet Geräte, die nicht zu einer bestimmten Zeit laufen müssen an, wenn viel Strom zur Verfügung steht.

S = Sie schaltet zwei Stunden pro Tag den Strom einfach ab.

E = Sie nutzt den Strom doppelt.

Die Autorin

Prof. Birgit Wilkes

Sie ist Professorin für Gebäudetelematik im Studiengang Telematik an der Technischen Hochschule Wildau. Telematik ist ein zusammengesetztes Wort aus Telekommunikation und Informatik. Unsere Studierenden lernen alles über intelligente, vernetzte Dinge und arbeiten später in ganz unterschiedlichen Berufen von der Medizintechnik bis zur Automobilindustrie.

Geboren wurde unsere Autorin 1964 in Berlin und hat an der Technischen Universität Berlin Informatik studiert. Danach hat sie in mehreren Firmen in der Telekommunikation gearbeitet, unter anderem in der Forschung und Entwicklung der Deutschen Telekom AG. 2003 kam sie dann zur Technischen Hochschule Wildau. Neben den Vorlesungen für die Studierenden leitet sie Forschungsprojekte mit den Themenschwerpunkten Energieeffizienz und altersgerechtes Wohnen. Und weil man ja nicht immer arbeiten kann, spielt sie noch gerne Squash und macht mit Freunden Musik auf der Geige.

Wie wird aus Sonnenwärme Wind – und wie wird daraus Strom?

Dr. Lutz B. Giese

Das Aufwindkraftwerk

Strom aus der Wüste: In der Wüste scheint fast das ganze Jahr die Sonne, und es ist am Tag heiß dazu. In allen Wüsten der Welt spendet uns die Sonne viel mehr Energie als alle Menschen zusammen benötigen. Warum nutzen wir das nicht?

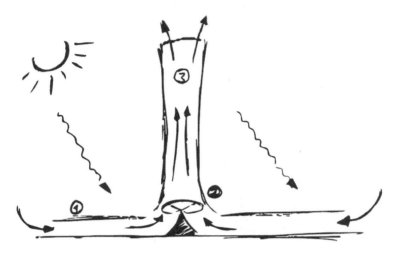

① Solarkollektor
② Turbine
③ Kamin/Röhre

Wir wollen uns anschauen, wie ein Kraftwerk aussehen könnte, das aus der Sonnenenergie Strom erzeugt. Es müsste ein riesiges Glashaus haben, in dem sich das Sonnenlicht fängt, sodass die Luft im Glashaus warm wird. In der Mitte muss es einen ganz hohen Schornstein besitzen, in dem diese warme Luft dann aufsteigt und hierbei einen Propeller dreht. Der Propeller dreht dann einen Dynamo – wie am Fahrrad – und der macht dann Strom – Elektrizität sagen die Kraftwerksbauer.

Hat es so ein Kraftwerk schon mal gegeben?

Ja, in einem Land bei uns in Europa gab es ein kleines Versuchskraftwerk vor vielen Jahren. Versucht herauszufinden, welches Land es war und wie der Ort hieß. Sucht mal mit einer Suchmaschine im Internet, z. B. mit GOOGLE.

Tipp: sucht auch unter „Solar Updraft Power Plant" bzw. „Solar Chimney Power Plant"

Eine deutsche Firma war daran beteiligt. Versucht herauszufinden, wie sie hieß. Die Versuchsanlage wurde wieder zurückgebaut, d. h. abgerissen. Ihr findet zum Thema „Solare Kraftwerke" ein Heft des FVS (heute FVEE, Forschungsverbund Sonnenenergie) im Internet als PDF (ist aber nicht einfach zu verstehen, weil es von Wissenschaftlern geschrieben wurde), da könntet ihr ab der Seite 85 nachlesen und die Daten finden.

Wie hoch könnte so ein Kraftwerk sein?

Heute plant man für den Schornstein in der Mitte: sehr hoch, so hoch wie die höchsten Gebäude. Oben ist die Luft kalt, der Luftdruck ist auch niedriger, dadurch möchte die heiße Luft aus dem Gewächshaus von unten nach oben entweichen. Den Effekt nennt man „Schornsteineffekt" oder einfach nur „Zug".

Findet heraus, wie hoch und breit der Schornstein im ersten Versuchskraftwerk war und wie groß die Schornsteine der richtigen, großen Anlagen später sein sollen.

Wie groß wäre das Glashaus?

Es hätte einen Radius von einigen km und wäre kreisrund. In dem besagten Heft ist auf der Seite 87 eine Abbildung zu finden, schaut sie euch mal an: Wenn der Schornstein 1.000 m hoch wäre, und das Feld hätte einen Durchmesser von 6.000 m, dann könnte man 700 Millionen Kilowattstunden Strom im Jahr herstellen.

Welche Fläche hätte das Gewächshausfeld (in m²), wenn es quadratisch wäre?

Wie viele Menschen hätten dadurch Strom?

Es müssen wohl sehr viele Menschen sein: Da am Tag die Sonne scheint und die Luft warm wird, erzeugt das Kraftwerk Strom, und in der Nacht wird auch Strom erzeugt, da der Boden immer noch warm ist und weiter die Luft heiß macht. Es läuft also Tag und Nacht, und das auch im Winter, weil in der Wüste fast immer die Sonne stark ist, auch im Winter – und es gibt kaum Wolken dort.

Stellt euch vor, ihr wäret zu Hause vier Personen (Mama, Papa, du und dein Bruder bzw. deine Schwester). Ihr habt ein kleines Häuschen und geht sparsam mit Strom um. Mit 3.500 Kilowattstunden Strom könnte eure Familie ein Jahr lang auskommen für alles (z. B. Kühlschrank, Herd, Waschmaschine, Licht, Computer usw.). Was kann eine Kilowattstunde leisten?

Mit einer Kilowattstunde Strom könntet ihr die Lampe im Bad einen Tag lang leuchten lassen, oder 10 Stunden den Fernseher laufen lassen.

Rechnet mal aus, wie viele solche Familien wie eure mit den oben genannten 700 Millionen Kilowattstunden, die ein Aufwindkraftwerk im Jahr erzeugen würde, auskommen könnten. Wie viele Menschen wären das?

Können wir uns das mal anschauen?

Ja, wir haben mehrere Filme hierzu, die wir euch auf *www.timoschlaurier.de* gerne zeigen möchten: einen Film über das erste Versuchskraftwerk und mehrere kurze Trickfilme.

Können wir so ein Kraftwerk mal basteln?

Ja, das machen wir zusammen. Ich zeige euch mit meinen Assistenten, wie man aus einfachen Sachen, die wir bei uns zu Hause oder im Supermarkt finden, ein Modell eines Aufwindkraftwerkes basteln können, das funktioniert. Schaut es euch genau an, dann besorgt das benötigte Material und baut es zuletzt zu Hause zusammen – fertig. Lasst dann die Lampe eine Weile hineinscheinen – oder direkt die Sonne.

Ihr braucht folgende Sachen:

1. Pappkarton, Grundfläche ca. mindestens DIN A3, Höhe mindestens 10–15 cm.
2. Rolle Klebeband, Durchmesser ca. 6–7 cm, 2 bis besser 5 cm hoch, es reicht der Pappkern.
3. Klarsichtfolie ca. DIN A3 oder zweimal DIN A4, stabil.
4. Rolle Tesafilm, Durchmesser mind. 1 besser 2 cm.
5. Platte Styropor, Dicke 1 besser 2 cm, etwas größer als DIN A3.
6. 2 Holzstäbe (Grillspieße), Länge 25 besser 30 cm.
7. Pappe schwarz, 2 Blatt DIN A4 oder 1 Blatt DIN A3.
8. 2 Blatt Papier weiß 80 g/cm² DIN A3.
9. Pappe ca. 10 cm mal 10 cm, 300–500 g/cm².
10. Nadelstift.
11. 3 große Gummibänder.
12. Kunststofftrichter, Durchmesser ca. 10 cm unten, Durchmesser 0,5–1 cm oben.
13. Scharfes Messer (um Karton zu schneiden).
14. Schere (um Papier zu schneiden).
15. Eventuell: Klarsichtfolie, farbig, DIN A4, stabil.
16. Schreibtisch- oder Baulampe, „alte" Glühbirne mind. 40 Watt (keine Energiesparlampe).
17. Und das Wichtigste: **Viel Spaß!**

Der Autor

Dr. Lutz Giese

Lutz Giese hat in Berlin studiert und seinen Doktor im Bereich Erneuerbare Energien abgeschlossen. Thema seiner Arbeit war *Tiefe Geothermie*. Seit 25 Jahren in der Lehre tätig, arbeitet er seit 2000 als Experte für Energietechnik und Umwelttechnik. Seit 2010 ist er an der TH Wildau am Fachbereich Ingenieur- und Naturwissenschaften.

Elektrizität aus Sonnenstrahlung

Prof. Dr. Siegfried Rolle   Dipl.-Ing. Michael Jergović

Physikalische Technik

Sonnenstrahlung – Was ist das?

Welche Energie liefert uns die Sonne?

Sonnen-„Strahlung" kennen wir aus unserer täglichen Erfahrung. Wir wissen, dass sie uns Licht bringt. Sie beleuchtet unsere Umgebung.

Wir bemerken auch, dass die Sonne uns wärmt. Dunkle Flächen können sehr heiß werden, wenn sie von der Sonne angestrahlt werden.

Ursache für beide Erscheinungen, Licht und Wärme, ist die elektromagnetische Energie, die uns die Sonne sendet. Unser Auge nimmt sie als Licht wahr. Unsere Haut spürt sie als Wärme. Es ist die gleiche Energieart wie sie Fernsehsender, Radar- oder Mikrowellengeräte aussenden. Beim Betrieb dieser Technik sind Sicherheitsvorschriften zu beachten. Die Sonnenstrahlung wird durch unsere Erdatmosphäre soweit abgeschwächt, dass wir sie vertragen – doch vorsichtig sein, man kann auch einen Sonnenbrand bekommen.

Je nach Beobachtungsart erscheint uns die Sonnenenergie als Strahl, Welle oder sogar als Teilchen, genannt Photon.

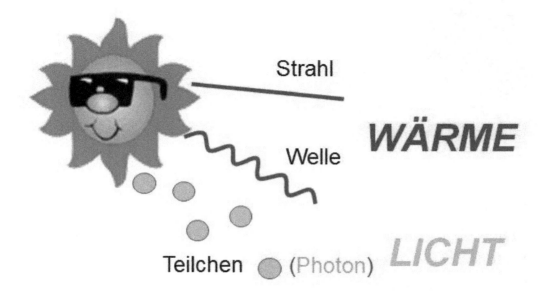

Die Solarzelle

Materialien bestehen aus Atomen: im Atomkern finden sich Protonen (positiv geladen) und Neutronen, darum herum die negativ geladenen Elektronen. Die für uns wichtige Elektrizität erhalten wir von der Sonne nicht direkt. Sie muss über eine Photozelle oder Solarzelle erzeugt werden.

Sie bestehen aus Halbleiter-Material, wie zum Beispiel Silizium. Durch Sonnenstrahlung, also elektromagnetische Energie, können im Silizium Elektronen von den Atomen getrennt werden, siehe Zeichnung unten.

Das Silizium wurde besonders behandelt. Es gibt eine n-Siliziumschicht. Hier sind im Vergleich zum unbehandelten Silizium mehr Elektronen im Material. In der p-Siliziumschicht gibt es weniger Elektronen. In der Grenzschicht zwischen beiden Gebieten entsteht eine schwache elektrische Spannung. Diese Spannung hilft, die zusätzlich vom Sonnenlicht durch Ladungstrennung freigewordenen Elektronen in die n-Schicht zu transportieren.

Wenn nun n- und p-Schicht über einen Draht mit einer Lampe oder einem Elektromotor verbunden werden, leisten die vom n- in das p-Gebiet fließenden Elektronen elektrische Arbeit. Die Lampe leuchtet, der Motor bewegt sich.

Aufbau und Funktionsweise einer kristallinen Solarzelle

1 - Ladungstrennung 2 - Rekombination 3 - ungenutzte Photonenenergie 4 - Reflexion und Abschattung durch Frontkontakte

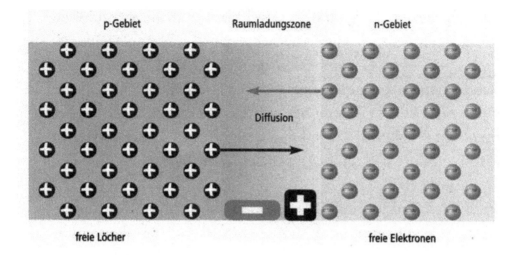

Die Solaranlage

Für die Nutzung der elektrischen Energie aus der Sonne gibt es zwei Anlagenarten.

Die so genannte **Inselanlage** wird dort eingesetzt, wo keine elektrischen Energieversorgungsnetze in der Nähe sind oder nur mit großen Kosten installiert werden könnten. Das Bild zeigt das Prinzip einer solchen Inselanlage:

Mit Solarmodulen (in einem Solarmodul sind mehrere Solarzellen zusammengeschaltet) wird aus der Sonne Elektrizität erzeugt.

Da die Sonne in der Nacht nicht scheint, wird die Energie in Batterien gespeichert. So können auch ohne Sonnenschein Lampe, Kühlschrank und Fernseher benutzt werden. Leistung der Solarmodule, Batteriegröße und elektrischer Energiebedarf der Geräte müssen aufeinander abgestimmt sein.

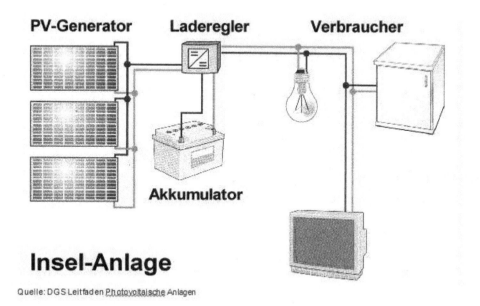

Quelle: DGS Leitfaden Photovoltaische Anlagen

Die andere Anlagenart ist die so genannte **netzgekoppelte Anlage**. Hier wird die elektrische Energie in das große Versorgungsnetz des Energieunternehmens eingespeist und kann von allen Verbrauchern im Versorgungsgebiet genutzt werden.

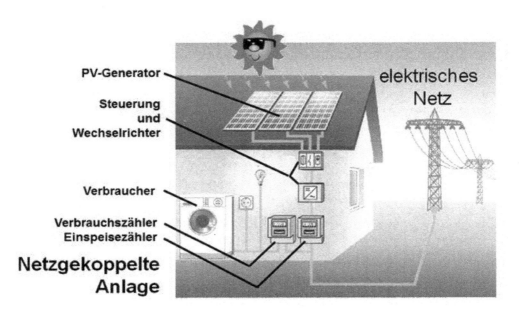

Größtes Solarboot der Welt

TH Wildau-Team Sieger beim regionalen Solarboot-Cup

Großanlagen und Solarkraftwerke

Photovoltaikanlage auf Gebäuden der TH Wildau, 127 KWp

Solarkraftwerk in Alt Daber bei Wittstock, 67.805 KWp

Den vollständigen Artikel findet ihr auf meiner Webseite **www.timoschlaurier.de**.
Er enthält viele farbige Bilder, die wir hier im Buch aus drucktechnischen Gründen nicht darstellen können!

Die Autoren

Prof. Dr. Siegfried Rolle

Siegfried Rolle ist Professor für Physik und Regenerative Energietechnik an der Technischen Hochschule Wildau. Im Fachbereich Ingenieur- und Naturwissenschaften ist er verantwortlich für den Studiengang Physikalische Technologien und Energiesysteme. Er wurde 1954 in Erfurt geboren. Nach dem Abitur wurde sein Hobby zum Beruf. Er studierte an der Technischen Universität Dresden Physik und schrieb dort auch seine Doktorarbeit zur Untersuchung von Sinterprozessen. Seit 1992 ist er Professor an der TH Wildau. Neben der Lehre arbeitet er an verschiedenen Projekten beispielsweise zum Einsatz von Brennstoffzellen für die Energieversorgung. Zusammen mit Kolleginnen, Kollegen und Studierenden gründete er die Kinder-Universität an der TH Wildau, die seit 2005 Vorlesungen für Schüler zu Themen aus Wissenschaft und Technik anbietet.

Dipl.-Ing. Michael Jergović

Michael Jergović wurde 1957 in Königs Wusterhausen geboren. Nach dem Abitur studierte er an der Technischen Universität Dresden Maschinenbau bis 1980. Anschließend arbeitete er als Konstrukteur für Sondermaschinen und Spezialgeräte in einem Transformatorenwerk in Berlin.

Ab 1987 nahm er die Tätigkeit als Fachschullehrer für Konstruktion sowie Roboter- und Handhabetechnik in Wildau auf. Seit 1991 ist er wissenschaftlicher Mitarbeiter und sowohl in der Lehre als auch in der Forschung engagiert, daneben koordiniert er die studentische Ausbildung im Studiengang Ingenieurwesen/Physikalische Technik.

Herr Jergović ist verheiratet, hat zwei erwachsene bereits berufstätige Kinder und zwei Enkelkinder.

Elektrizität aus Sonnenstrahlung

Prof. Dr. Siegfried Rolle   Dipl.-Ing. Michael Jergović

Ein Schulmontag im März

Die Klingel zur fünften Stunde hat gerade geläutet. Alex schaut nachdenklich aus dem Fenster seiner Klasse. „Warum muss Schule bloß immer so langweilig sein? Noch zwei Fächer für heute mit Fragen, Antworten, denken, stillsitzen. Schrecklich! Wie schön war doch das Wochenende ..."

Genau in diesem Moment kommt Frau Lehmann ins Klassenzimmer, schaut erwartungsvoll in die Runde und beginnt zu reden.

„Oops, was ist das denn?", denkt sich Alex nach Frau Lehmanns ersten Worten und hört ihr jetzt aufmerksam zu: „... und darum haben wir beschlossen, in eurer Jahrgangsstufe einen Burgenbauwettbewerb auszurufen. Jede Klasse hat die Aufgabe, so viele Fünferteams wie möglich zu bilden, die dann jeweils eine Ritterburg bauen sollen. Ihr habt genau acht Wochen Zeit. Die besten drei Burgen werden mit einem Zuschuss zur Klassenkasse für das nächste Sommerfest prämiert."

Kaum sind die Worte verklungen, bricht ein großer Jubel aus. Endlich mal etwas Abwechslung! Alle Schülerinnen und Schüler rufen wild durcheinander: „Vier Türme muss die Burg haben." „Eine Zugbrücke und ein Burggraben sind wichtig." „Die Fenster müssen aus Glas sein und jedes Zimmer muss einen Kamin haben." „Wir brauchen Figuren – Ritter, Pferde, König, Königin, Frauen und Männer und alle in richtigen

Kostümen." „Ein Ziehbrunnen fürs Wasser muss dabei sein und ein Geheimtunnel für eine Flucht."

Eine Ritterburg
(Abb.:https://commons.wikimedia.org/wiki/File:Ritterburg_Schulbild)

Das geht so eine Weile hin und her, bis es Laura zu bunt wird: „So wird nie was draus!", ruft sie energisch in die Klasse. „Wenn wir bei unserem wilden Durcheinander bleiben, überholen uns die anderen ganz schnell und wir haben gar keine Chance auf den Sieg!"

Augenblicklich wird es still in der Klasse. Das hat gesessen. Was tun? Alle Blicke richten sich auf Laura und Frau Lehmann.

„Nun", beginnt Frau Lehmann, „das, was wir vorhaben, nennt man ein Projekt. Damit das Projekt erfolgreich wird, machen wir jetzt mit einem Brainstorming den ersten Schritt, uns zu organisieren. Ein Brainstorming ist eine spezielle Form der Gruppenarbeit, um Geistesblitze und Gehirnstürme auszulösen, die zu einem Wirbelsturm vieler neuer Ideen führen. Ihr habt dazu eine Stunde Zeit, eure Ideen zu sammeln, und danach schauen wir, wie wir weiter vorankommen. Damit eure Vorschläge nicht verloren gehen, nicht wieder ein Tohuwabohu entsteht und auch keiner alleine überlegen muss, bildet ihr bitte sechs Gruppen mit jeweils fünf Schülerinnen und Schülern. Dann setzt ihr euch zusammen, sprecht über den Wettbewerb, lasst euch gegenseitig ausreden und schreibt alles gut leserlich auf das Flip-Chart-Papier, was euch einfällt. Jede Idee ist willkommen und muss notiert werden. Niemand darf die Ideen von anderen kritisieren oder sonst irgendwie kommentieren. In einer Stunde reden wir über eure Ergebnisse."
Und so beginnt das Brainstorming. Alex, Laura und alle anderen brüten über ihren Ideen für die zukünftigen Ritterburgen.

Brainstorming – Gehirnsturm, damit keine gute Idee verlorengeht

1. Jede Idee ist erwünscht. Egal wie komisch oder verrückt sie auch klingen mag.
2. Je mehr Ideen, desto besser.
3. Jede Idee muss aufgeschrieben werden.
4. Keine Idee darf kritisiert oder gelobt werden.
5. Niemand darf für seine/ihre Idee kritisiert oder gelobt werden.
6. Alle lassen sich gegenseitig ausreden.

Worum es im Wettbewerb eigentlich genau geht

Nach dem Ende des Brainstormings liegen sechs mit vielen Fragen, Ideen, Anmerkungen und Vorschlägen beschriebene

Flip-Chart-Bögen vor den Schülerinnen und Schülern. Wie nun weiter?

Frau Lehmann heftet die Bögen an eine Wand des Klassenzimmers, damit alle Kinder alles lesen können. „Lasst uns die einzelnen Notizen am besten ein bisschen ordnen, so dass keine Gedanken mehrfach vorkommen, wir aber auch nichts vergessen", schlägt sie vor und führt ihre Klasse Schritt für Schritt durch die gesammelten Beiträge. Am Ende entsteht folgende Übersicht aus Anforderungen ergänzt um offene Fragen, die beantwortet werden müssen:

Ergebnisse unseres Brainstormings zum Wettbewerb „Ritterburg bauen"

Anforderungen	Offene Fragen
1. Jede Ritterburg soll so gut sein, dass wir den Wettbewerb mit ihr gewinnen können.	• Gibt es Festlegungen zu Art, Größe, Material und Ausstattung der Burg, die wir mindestens einhalten müssen bzw. nicht überschreiten dürfen?
2. Jede Ritterburg muss pünktlich abgegeben werden.	• Wann genau ist die Burg abzuliefern? • Wem müssen wir die Burg geben?

3. Jede Ritterburg muss möglichst preiswert sein.
- Wie viel dürfen wir höchstens für das Material bezahlen?
- Wie wird überprüft, ob ein Team nicht zu viel Geld ausgegeben hat?
- Was passiert, wenn zu viel Geld ausgegeben wird?

4. Jede Ritterburg muss von einem Team gebaut werden.
- Aus wie viel Schülerinnen und Schülern soll ein Team bestehen?
- Dürfen Erwachsene – z. B. die Eltern – mithelfen?

Frau Lehmann hat sich natürlich mit den Lehrerinnen und Lehrern der Nachbarklassen abgestimmt und kann die Fragen ihrer Schülerinnen und Schüler damit präzise beantworten. Sie schreibt das Wichtigste auf ein neues Flip-Chart-Papier, das sie dann gut sichtbar an der Wand befestigt:

Projektauftrag zum Wettbewerb „Ritterburg bauen"

1. Jede Ritterburg soll selbstgemacht sein und eine Grundfläche aus Holz von ungefähr 1 m² haben – nicht mehr und nicht weniger. Als weitere Materialien und Werkzeuge sollen Pappe und Papier, Klebstoff, Farbstifte und Scheren

verwendet werden. Figuren o. Ä. dürfen als „Verzierung" dazugestellt werden.

2. Jedes Team hat genau acht Wochen Zeit, seine Ritterburg zu bauen. Diese acht Wochen beginnen am nächsten Montag. Die fertige Ritterburg ist beim Schulleiter abzugeben.

3. Für das Material einer Ritterburg dürfen maximal 20 € ausgegeben werden. Die Ausgaben sind per Kassenbon nachzuweisen. Die Klassenlehrerin bzw. der Klassenlehrer vergleicht die Kassenbons mit dem für die Ritterburg verwendeten Material. Material, das zu teuer ist, darf nicht verwendet werden.

4. Jedes Team muss aus fünf Schülerinnen und Schülern bestehen. Erwachsene dürfen nicht mitmachen. Wenn Rat oder Unterstützung von Erwachsenen gebraucht wird, muss das Team dazu die Zustimmung der Klassenlehrerin bzw. des Klassenlehrers einholen.

Gut geplant ist halb gewonnen

Kaum hat Frau Lehmann den letzten Punkt unter den Projektauftrag gesetzt, beginnt wieder ein großes Durcheinander: „Ich will mit dir im Team sein." „Ich mit dir!" „Nur Jungs im Team ist doof." „Felix muss bei mir in der Gruppe sein, er hat immer so gute Ideen." „Wer kann denn besonders gut mit Holz und Pappe arbeiten?" „Wer kann gut zeichnen?" „Versprichst du, fleißig dabei zu sein und nicht erst auf den letzten Drücker mit deinem Teil von der Ritterburg anzufangen?"

Grund für Lauras neuerlichen Auftritt: „Meine Güte, schon wieder so ein Trubel. So geht das nicht! Gleich klingelt's und wir gackern hier wie ein Hühnerhaufen. Jetzt fängt doch die Arbeit erst richtig an und die Zeit rennt auch schon!"

Clemens springt ihr zur Seite: „Das stimmt! Laura hat Recht! Mein Vater macht so was mit Projektmanagement. Sein Wahlspruch ist ‚Gut geplant ist halb gewonnen'. Nervt zwar manchmal ein bisschen, scheint aber was dran zu sein. Denkt mal wie es ist, wenn man im Baumarkt steht und man nicht genau weiß, wie viel Farbe und Tapeten für die Renovierung gekauft werden müssen. Kauft man zu viel, gibt man zu viel Geld aus und das nicht genutzte Zeug steht hinterher im Keller rum. Kauft man zu wenig, muss man mindestens zweimal fahren und dann hat der Laden garantiert schon Feierabend und ist geschlossen! Außerdem muss man sich zum Renovieren immer gut verabreden, sonst steht man alleine da und die Freunde halten sich fein raus ..."

Als hätte Frau Lehmann nur auf diese Hinweise gewartet, ergänzt sie: „Wir bekommen genau sechs Teams mit je fünf Schülerinnen und Schülern zusammen, können also mit sechs Ritterburgen in den Wettbewerb gehen. Jedes Team muss gut gebildet werden und einen Plan für seine Arbeit entwickeln. Über den Plan sprechen wir in der nächsten Stunde. Bis dahin besteht eure Hausaufgabe darin, dass sich sechs gemischte Teams aus Jungen und Mädchen zusammenfinden. Jedes

Team nennt Laura die Namen seiner Mitglieder, und Laura erstellt daraus eine Liste aller Teams, die sie hier an die Wand hängt."

In diesem Moment klingelt es. Der Schultag ist zu Ende. Alex und Felix gehen ganz glücklich nach Hause. Auf dem Heimweg finden sie ein paar Äste, die beim letzten Sturm vom Baum gefallen sind. In ihrer Phantasie sehen beide Jungs darin Schwerter, mit denen sie sich wie Ritter fühlen, die ihre Burgen gegeneinander verteidigen müssen. An diesem Tag wartet das Mittagessen besonders lange auf Alex und Felix…

Wie ein guter Plan entwickelt wird

Nächste Schulstunde mit Frau Lehmann: Wie verabredet hängt die Teamliste für den Burgbauwettbewerb an der Wand. Laura, Alex, Felix, Clemens und Tina haben sich entschieden, das Projekt gemeinsam in Angriff nehmen zu wollen. Sie bilden das Team 3. Alle fünf können ganz gut basteln. Sie haben sich aber vor allem auch deswegen so zusammengefunden, weil Laura und Clemens besonders systematisch und immer pünktlich sind und andere mitziehen können, Alex und Felix viel Phantasie haben und Tina sehr kreativ veranlagt ist und ein „gutes Auge" für gestalterische Aufgaben besitzt.

Wie alle anderen Teams muss auch Team 3 einen guten Plan für die Projektarbeit entwickeln. Die wichtigsten Tipps hierzu kommen von Frau Lehmann:

Wie ihr einen Plan für euer Projekt entwickeln könnt

1. Schreibt zuerst auf, was ihr alles tun müsst, um die Ritterburg zu bauen. Denkt dabei auch daran, dass eine Liste von Aufgaben noch lange nicht bedeutet, dass diese auch automatisch wie gewünscht abgearbeitet wird, sondern dass die Aufgaben „gemanagt" werden müssen; denn ihr wisst doch, wie es oft ist: manch einer hält sich an Verabredungen, manch einer wird erst unter Zeitdruck aktiv, manch einer vergisst Zusagen, manch einer möchte gerne alles machen und die anderen nicht an die Aufgaben lassen und und und.

2. Überlegt dann, wie viel Zeit (Arbeitszeit/Arbeitsaufwand) ihr für jede Aufgabe voraussichtlich brauchen werdet.

3. Überlegt nun, in welcher Reihenfolge und wann genau ihr die einzelnen Arbeiten erledigen müsst. Beispielsweise kann die Ritterburg erst dann zusammengebaut werden, wenn alle Einzelteile (Türme, Mauern, ...) fertig sind.

4. Überlegt jetzt, wer von euch welche Aufgabe am besten durchführen kann. Jeder hat seine Stärken und Schwächen. Außerdem kann es sein, dass nicht jeder zu jeder Zeit an der Ritterburg bauen kann, weil

beispielsweise das Fußballtraining oder der Klavierunterricht zu beachten sind.

5. Stellt nun alle Ergebnisse in einer Tabelle oder in einem Schaubild – eurem Projektplan – dar. Diese Tabelle oder das Schaubild muss für das gesamte Projekt zeigen, wer wann was zu tun hat, damit die Ritterburg wie gewünscht fertig wird.

6. Prüft euren Projektplan, ob ihr keine Aufgabe vergessen habt, ob keine Aufgabe doppelt vorkommt, ob die Arbeit gut im Team verteilt ist und ob ihr mit diesem Plan auch zum Ziel kommt. Wenn euch der Plan noch nicht gut genug erscheint, überlegt, wie ihr ihn optimieren könnt und verbessert ihn entsprechend.

Team 3 kommt nach diesen Regeln zu folgendem Projektplan:

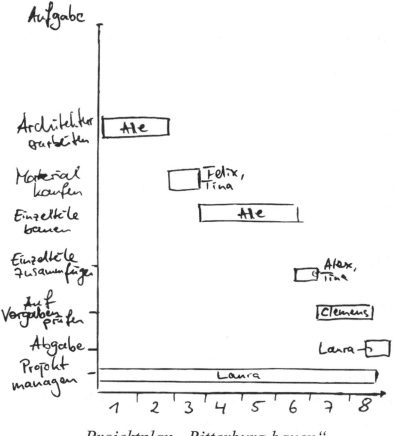

Projektplan „Ritterburg bauen"

Wie von Frau Lehmann vorgeschlagen, hat Team 3 auch die Aufgabe „Projekt managen" in den Projektplan aufgenommen.

Allerdings weiß keiner so genau, was Projektmanagement eigentlich bedeutet, was also eine Projektmanagerin bzw. ein Projektmanager konkret zu tun hat. Einfach gesagt geht es darum, dass in einem Projekt das Richtige getan wird, um zum gewünschten Ziel zu kommen.

Wie erreicht wird, dass im Projekt das Richtige getan wird

Damit ein Projekt erfolgreich sein kann, sind drei Dinge wichtig:

1. Einerseits muss klar sein, was das Ziel eines Projektes ist und wer wann was in diesem Projekt zu tun hat, damit dieses Ziel erreicht werden kann.

2. Andererseits muss dafür gesorgt werden, dass so wie vorgesehen auch gearbeitet wird.

3. Zu guter Letzt muss das Projekt auch richtig zu Ende gebracht und abgeschlossen werden und darf nicht auf halber Strecke stehen bleiben.

Die Ritterburg-Teams haben den ersten Themenkomplex bereits erledigt. Aus dem Brainstorming wurden Projektanforderungen und offene Fragen herauskristallisiert, die dann zum Projektauftrag und zum Projektplan geführt haben. Entsprechend wird dieser Teil des Projektmanagements mit dem Begriff Projektplanung bezeichnet. Unsere Projektmanagerin Laura muss in dieser Projektphase dafür sorgen, dass ein plausibler, realistischer Projektplan entsteht.

Im Verlauf des Projektes ist die Projektmanagerin dafür verantwortlich, dass das Projekt wie geplant durchgeführt wird, dass also alle Teammitglieder die für sie vorgesehenen Aufgaben zur passenden Zeit erledigen. Beispielsweise sollen Felix und Tina in Woche 3 die für die Burg erforderlichen

Materialien besorgen. Dazu muss die Architektur der Ritterburg in den Projektwochen 1 und 2 von allen Teammitgliedern erarbeitet werden.

Nehmen wir nun einfach mal an, dass einzelne Teammitglieder in den Wochen 1 und 2 den Lockrufen ihrer Freunde via Facebook und WhatsApp erlegen sind. Sie haben also nicht so fleißig wie geplant an der Architektur der Ritterburg gearbeitet und brauchen daher eine Woche länger für diese Aufgabe. Damit hat sich der Projektplan erledigt. Unsere Projektmanagerin Laura muss das erst einmal herausfinden. Dazu kann sie beispielsweise alle Teammitglieder regelmäßig nach ihrem Arbeitsfortschritt befragen und wird so die Verspätung erkennen. Diesen Vorgang nennen wir Projektmonitoring.

Laura kann die Verspätung nicht einfach ignorieren. Dann könnten Tina und Felix nämlich erst in Woche 4 Material kaufen und auch alle anderen Arbeiten würden sich um eine Woche verzögern. Die Ritterburg wäre also erst nach neun statt nach acht Wochen fertig und Team 3 hätte den Wettbewerb verpatzt. Also muss sich Laura etwas einfallen lassen, um die Verspätung wieder aufzuholen. Eine Idee könnte darin bestehen, dass die Überprüfung der fertigen Ritterburg auf Einhaltung aller Vorgaben und die etwaige Überarbeitung der Burg nicht allein von Clemens durchzuführen wäre. Hier könnten Clemens und Felix aktiv werden und so die fehlende Woche wieder herausholen. Laura bespricht diesen Gedanken mit dem Team, das sich hiermit einverstanden zeigt, ändert den bisherigen Projektplan ab und achtet nun darauf, dass das Team den neuen Plan einhält. Wir nennen das Projektsteuerung.

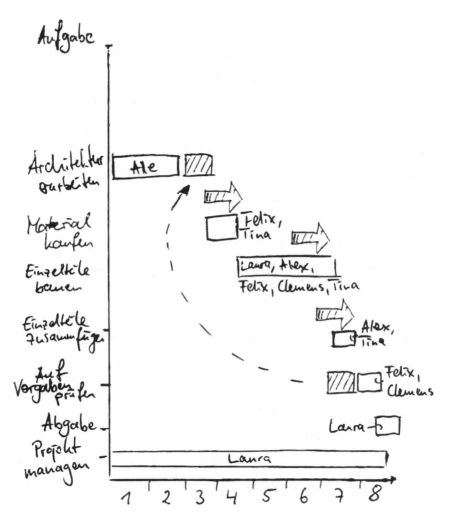

Geänderter Projektplan „Ritterburg bauen"

Wenn das Projekt auf die Zielgerade einbiegt, muss Laura noch dafür sorgen, dass die Ritterburg pünktlich beim Schulleiter abgegeben wird. Diese Phase des Projektes kann bei größeren

Vorhaben sehr umfangreich sein; beispielsweise dann, wenn ein richtiges Haus gebaut und am Ende von der Baufirma an den Bauherrn übergeben wird. Der Bauherr wird jetzt alle Teile des Hauses „auf Herz und Nieren" prüfen, um etwaige Mängel entdecken und deren kostenlose Beseitigung erreichen zu können. Hier ist die Projektmanagerin bzw. der Projektmanager erheblich gefordert. Daher bekommt dieser Teil des Projektmanagements einen eigenen Namen: Projektabschluss.

Zusammengefasst wird klar, dass eine Projektmanagerin bzw. ein Projektmanager im Laufe eines Projektes für folgende Aufgaben zuständig ist:

Projektplanung
Es ist ein Plan zu entwickeln, wer wann was im Projekt zu tun hat, damit das gewünschte Projektziel erreicht werden kann.

Projektmonitoring und -steuerung
Es ist regelmäßig zu prüfen, ob der Projektplan eingehalten wird. Bei Abweichungen vom Plan ist der Projektverlauf durch geeignete Gegenmaßnahmen so zu verändern, dass das gewünschte Projektziel erreicht werden kann.

Projektabschluss
Das mit der Projektplanung gestartete Projekt wird mit der Fertigstellung des gewünschten Projektergebnisses beendet.

Was Team 3 geschafft hat

Acht Wochen nach dem Start kann Team 3 auf eine erfolgreiche Projektarbeit zurückblicken. Laura, Alex, Felix, Tina und Clemens sind von größeren Problemen im Projekt etwa durch Streitereien über die konkrete Gestalt der Burg (ein Turm, vier Türme, acht Türme o. Ä.) oder beispielsweise durch Erkrankungen der Teammitglieder verschont geblieben. Sie haben die Verspätung vom Projektbeginn gut aufgeholt, ihre Burg pünktlich beim Schulleiter abgeliefert und mit dieser ganz sicher eine große Chance auf eine gute Platzierung im Burgbauwettbewerb. Überzeugt euch selbst.

Die Burg von Team 3 (Foto: F. Seeliger)

Klausur

Frage 1

Mit dieser Methode kann man Ideen sammeln

PR = Brainstorming

PQ = Brainwriting

QR = Brainthinking

Frage 2

Gut geplant ist

A = nicht genug

T = halb gewonnen

V = fast verloren

Frage 3

Wichtig für ein erfolgreiches Projekt ist

AB = genügend Cola für jeden

DF = sich in den Vordergrund zu drängen

OJ = ein Projektplan

UV = kein Projektplan

Frage 4

Zum Projektmanagement gehört unbedingt

EF = Facebook

EK = die Projektsteuerung

LE = WhatsApp

Frage 5

Auf Änderungen im Projekt reagiert man unbedingt mit

UN = Geduld

AN = Projektsteuerung

RN = Achselzucken

PN = Verärgerung

Frage 6

Am Ende eines Projektes steht unbedingt

PL = der Projektabschluss

RF = die Siegesfeier

BY = die Projektausstellung

Der Autor

Prof. Dr. Bertil Haack

Bertil Haack ist Professor für Projektmanagement an der Technischen Hochschule Wildau und leitet dort den Fachbereich Wirtschaft, Informatik, Recht. Hier werden unter anderem Betriebswirte, Europäische Manager, Wirtschaftsjuristen und Wirtschaftsinformatiker ausgebildet.

Unser Autor wurde 1957 in Falkensee geboren. In Berlin studierte er Mathematik und Physik. Seine Doktorarbeit schrieb er an der Technischen Universität Berlin über die Qualitätsverbesserung in der Software-Entwicklung.

Haack arbeitete etwa 20 Jahre in der Wirtschaft bis er 2003 zunächst als Lehrbeauftragter nach Wildau kam und dort 2006 Professor wurde. Er ist regelmäßig in der Forschung aktiv und veröffentlicht u. a. Fachartikel zum Zeitmanagement. In 2016 ist ein umfangreiches Mathematikbuch für Wirtschaftswissenschaftler erschienen, das er gemeinsam mit einer Professorin der TH Wildau und zwei weiteren Kollegen der TH Brandenburg und der HTW Berlin geschrieben hat. Bertil Haack ist geschieden und hat zwei Söhne, von denen der ältere als Mechatroniker arbeitet und der jüngere Regionalmanagement in Eberswalde studiert.

Wie Pferde fliegen können

Prof. Dr. Thomas Biermann

Dumme Frage – kluge Antwort

Ob Pferde fliegen können? Das ist eine ziemlich dumme Frage, nicht wahr? Ihr werdet vernünftigerweise sagen: nein, natürlich ist das nicht möglich, denn sie haben ja keine Flügel – abgesehen von ein paar Fabelwesen aus dem Märchenbuch. Aber da liegt ihr falsch, liebe Kinder: Pferde können sehr wohl fliegen. Viele andere Tiere ohne Flügel können das übrigens auch, zum Beispiel Löwen, Fische und Baby-Nashörner.

Wie machen sie das? Ganz einfach wie wir Menschen: sie nehmen das Flugzeug. Ihr habt noch nie ein Pferd oder ein Baby-Nashorn neben euch auf dem Sitz gehabt, wenn ihr in die Ferien geflogen seid? Schade eigentlich – aber leicht zu erklären: Tiere reisen als Luftfracht in einem speziellen Stall oder Käfig im Frachtflugzeug, oder manchmal auch unten im Frachtraum von Passagiermaschinen.

Bauchladung

Wenn ihr das bunte Treiben auf einem Flughafen beobachtet, seht ihr silberne Behälter, die ins Flugzeug hineingeladen werden oder heraus. Sie sind etwa so groß wie ein kleines Auto. Dabei handelt es sich um Container, also Sammelbehälter, in denen mehrere Einzelsendungen mit gleichem Zielort gebündelt sind oder spezielle Ladeeinheiten – zum Beispiel für lebende Tiere. Die Beförderung von Fracht ist heute für viele Fluggesellschaften eine wichtige Einnahmequelle neben dem Passagierverkehr.

Platz dafür ist in praktisch allen Verkehrsflugzeugen im „Bauch" des Flugzeugs unterhalb des Passagierdecks. Damit man den Raum in diesem runden „Bauch" gut ausnutzt, sind die Luftfracht-Container keine genau rechteckigen Kästen, sondern sie haben seitwärts schräg ansteigende Wände, wie ihr auf der Zeichnung seht. Insgesamt wird ungefähr die Hälfte der Luftfracht weltweit auf diese Weise als Beiladung in Passagierflugzeugen transportiert.

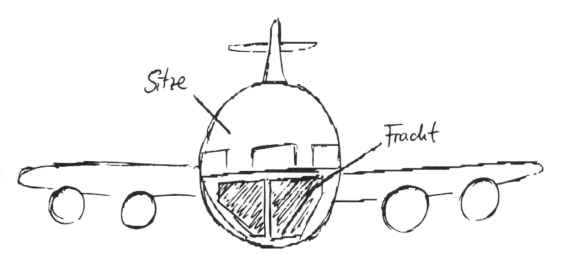

Fracht im Bauch

Und die andere Hälfte?

Die reist mit Flugzeugen, die ausschließlich für den Frachttransport ausgelegt sind – überwiegend sehr große Langstreckenmaschinen wie die Boeing 747, auch bekannt unter dem Spitznamen „Jumbo-Jet". Diese Maschinen fliegen überwiegend auf Strecken oder zu Zeiten, wo es zwar hohen

Bedarf an Frachtkapazität, aber wenig Passagiere gibt. Auf dem Deck sind keine Sitze verbaut, so dass hier stattdessen weitere Container stehen können.

Die Beladung erfolgt durch eine große Klappe an der Seite oder bei einigen Flugzeugmodellen von vorne: bei der Frachtversion der Boeing 747 lässt sich die Nase hochklappen, so dass man Container besonders einfach ein- und ausladen kann. Das ist übrigens auch der Grund, warum dieses Flugzeug einen Buckel oben auf dem Rumpf hat: das Cockpit für die Piloten liegt somit oberhalb der Nase und muss nicht mit hochgeklappt werden. Man erkennt solch einen „Frachter" leicht daran, dass er keine Fenster im Rumpf hat. Meist steht auch das englische Wort „Cargo" neben dem Namen der Fluggesellschaft.

Wenn ihr das nächste Mal auf einem Flughafen seid, schaut einmal, ob ihr einen seht. Aber aufpassen: der Frachtbereich liegt immer etwas abseits des Passagier-Terminals, direkt neben eurem Ferienflieger parkt mit Sicherheit kein Frachter.

Boeing 747 Frachterbeladung
(Foto: Aleksandr Markin/Wikimedia Commons)

Im Container

Wollen wir einmal in so ein Flugzeug hineinschauen? Was mag da so alles drin sein? Heute werden die verschiedenartigsten Güter mit dem Flugzeug geschickt, zum Beispiel elektronische Geräte, Maschinen, Arzneimittel, sogar Autos. Luftfracht ist allerdings sehr teuer, man zahlt pro Kilogramm leicht das Zehnfache von dem, was der Transport mit dem Lastwagen, der Bahn oder auf langen Routen mit dem Schiff kosten würde.

Wer kann sich das leisten oder, anders gefragt, für wen macht es Sinn, einen solch teuren Transportweg zu wählen? Hierauf gibt es zwei Antworten:

- bei sehr wertvollen Gütern fallen die Transportkosten im Vergleich zum Warenwert kaum ins Gewicht, da spielen die höheren Luftfrachtkosten keine entscheidende Rolle,

- das Flugzeug ist sehr viel schneller als jedes andere Transportmittel, wer es sehr eilig hat mit seinen Waren, zahlt bereitwillig den „Express-Zuschlag".

Stellen wir uns zum Beispiel ein Kraftwerk irgendwo in Südamerika vor, das mit in Deutschland gebauten Turbinen Strom für die Städte und Dörfer einer ganzen Provinz produziert und jetzt geht eine solche Turbine kaputt. Die notwendigen Ersatzteile mit dem Schiff zu schicken und dann mit dem Lastwagen ins Landesinnere, würde vier Wochen dauern. Mit dem Flugzeug dagegen sind sie schon am nächsten oder übernächsten Tag da. Jetzt gibt es wieder Strom – da meckert keiner über hohe Frachtkosten für das Ersatzteil.

Ein weiteres wichtiges Geschäftsfeld sind verderbliche Güter, also solche, die einen Transport von mehreren Wochen nicht heil überstehen würden. Exotische Früchte, frische Meeresfische sowie Schnittblumen sind Beispiele dafür. Diese werden in Kühl-Containern transportiert. Kiwi aus Neuseeland, Lachs aus Alaska, Rosen aus Mexiko – viele Artikel im Supermarkt an der Ecke sind auf dem Luftweg zu uns gekommen. Lasst uns einmal an einem Container schnuppern und raten, was da drin ist.

Erdbeeren im Dezember?

Die Luftfracht erlaubt es, das ganze Jahr bunte Blumen oder exotische Früchte zu genießen sowie Obst, welches es hier nur wenige Wochen im Jahr gibt – zum Beispiel Erdbeeren. Viele haben ein schlechtes Gewissen, wenn sie im Dezember aus Afrika eingeflogene Erdbeeren schlecken, denn der Luftverkehr belastet die Umwelt mit Treibhausgas. Sollte man deshalb auf Erdbeeren außerhalb der Saison verzichten?

Wir essen im Winter regelmäßig Obst und Gemüse, das in unserer Region im beheizten Treibhaus angebaut wird. Der Energieverbrauch und die Belastung der Umwelt sind dadurch ungefähr so hoch wie bei einem Langstreckenflug. Außerdem wird der Frachtraum in Flugzeugen von Deutschland aus mit typisch deutschen Exportgütern gefüllt, Maschinen, hochwertigen Autos und Arzneimitteln. Der Import von Blumen und Früchten füllt Laderaum, der sonst auf dem Rückflug leer bliebe – also entsteht kaum eine zusätzliche Belastung der Umwelt. Aber: knallrote Erdbeeren im Mai vom Hof vor der Haustür schmecken einfach besser…

Ein Nashorn auf Reisen

Puuuh – hier weiter hinten im Flugzeug riecht es aber ziemlich streng, nicht wahr? Das sind bestimmt keine Rosen...Jetzt sind wir bei den fliegenden Tieren. Stellt euch vor, in Ostafrika wurde ein Baby-Nashorn eingefangen, das nach Deutschland in einen Zoo soll. Eine Reise von mehreren Tagen im Lastwagen zur Küste, zwei oder drei Wochen auf dem Schiff und dann per Bahn vom Hamburger Hafen in den Zoo in Berlin oder Stuttgart – das ist eine Strapaze, die das arme Tier kaum überleben würde. Also nimmt man eine große stabile Kiste, tut das kleine Nashorn und etwas Futter hinein und schickt das Ganze als Luftfracht. Zootiere sind auf manchen Routen ziemlich regelmäßig an Bord, deshalb habe ich unter den fliegenden Tieren den Löwen erwähnt, es können natürlich auch Zebras sein (aber bitte nicht im gleichen Container wie der Löwe), Affen, Bären, Papageien oder eben unser Baby-Nashorn. Hier betone ich ausdrücklich „Baby", denn ein ausgewachsenes Nashorn wäre zu groß und zu gefährlich für so einen Transport.

Diese Fluggäste im Käfig können einerseits in der Wildnis gefangene Tiere sein, aber auch Zootiere auf Dienstreise. Manche Zoos haben sich auf die Aufzucht bestimmter Tierarten spezialisiert und verkaufen ständig Jungtiere an ihre Kollegen in anderen Städten. Bei längeren Entfernungen erfolgt der Versand ebenfalls per Luftfracht. Oder es fliegen Tiere aus den großen Städten in die Wildnis: manchmal werden im Zoo geborene Tiere in ihre ursprüngliche Heimat gebracht und dort ausgewildert, um den bedrohten Bestand in der Natur wieder zu erhöhen.

Kleinvieh

Es muss indes nicht immer gleich ein Löwe oder ein Braunbär sein. In jedem Tiergeschäft steht ein großes Aquarium mit vielen kleinen bunten Fischen. Wo kommen die wohl her? Sie stammen vom Amazonas, einem riesigen Fluss in Brasilien oder auch aus Indonesien. Dort werden sie zu Tausenden eingefangen und dann in einem Tankcontainer nach Europa geflogen. Hast du vielleicht selbst ein Aquarium? Lass dir doch heute Abend vorm Einschlafen von deinen Fischen von der aufregenden Reise erzählen.

Dann gibt es noch den Transport von Küken – jawohl, gelbe flauschige Hühnerküken. In fast allen Ländern der Welt essen die Menschen gerne Eier und ab und zu mal ein Brathähnchen oder eine Hühnersuppe – so wie du. Überall gibt es Bauernfamilien, die ein paar Hühner besitzen, täglich einige der Eier essen und den Rest ausbrüten lassen, um neue Hähnchen und Hühner zu haben. Wo jedoch eine Millionenstadt zu versorgen ist, helfen ein paar Bauern nicht wirklich weiter. Dann braucht man im Umfeld der Stadt Hühnerfarmen, wo zehntausende von Hennen jeden Tag zehntausende von Eiern produzieren. Und diese Hennen kommen überwiegend aus Holland oder Norddeutschland. Dort hat man sich nämlich auf die Züchtung von Hühnerrassen spezialisiert, die besonders viele und große Eier legen. Und diese Tiere werden als sogenannte Tagesküken an Hühnerfarmen verkauft, zum Beispiel nach Nordafrika oder in den Mittleren Osten.

Tagesküken heißen so, weil sie innerhalb eines Tages nach dem Schlüpfen transportiert werden müssen. Nachdem so ein gelbes Flauschbällchen aus dem Ei gekrabbelt ist, frisst es am ersten Tag nichts. Das ist gut, weil man es dann nicht füttern muss. Noch wichtiger: wenn man oben in den Schnabel nichts hineintut, kommt unten auf der Gegenseite auch nichts heraus. Man hat nur für genau diesen einen Tag ideale Transportbedingungen und fliegt die kleinen Vögel schnell an ihren zukünftigen Arbeitsplatz – oft in Sendungen von 50.000 Stück auf einmal!

Wieviel Fracht kann ein Flugzeug schleppen?

Die wichtigste Kenngröße bei der Konstruktion eines Flugzeuges ist das sogenannte maximale Abfluggewicht – also das Gesamtgewicht, das von den Triebwerken bei voller Leistung gerade noch sicher in die Luft gehoben werden kann. Dies setzt sich zusammen aus drei Teilen:
- dem Leergewicht des Flugzeuges selbst,
- dem zugeladenen Treibstoff und
- der Nutzlast – also der zuladbaren Fracht.

Bei einer Boeing 747-400F liegt das zulässige Gesamtgewicht beim Start bei knapp 400 Tonnen (eine Tonne sind 1.000 Kilogramm), davon entfallen 165 Tonnen auf das Leergewicht, 120 Tonnen auf den Treibstoff und 113 Tonnen verbleiben als Nutzlast. Dies entspricht ungefähr der Frachtkapazität von fünf großen Sattelschlepper-Lastwagen.

Endlich Pferde...

Nun aber zu den Pferden. Ein Zootier oder ein Küken reist bestimmt nur ein einziges Mal in seinem Leben per Flugzeug. Bei Pferden dagegen gibt es echte Vielflieger, die mehrmals im Jahr unterwegs sind. Das sind vor allem wertvolle Sportpferde für Pferderennen und für Spring- oder Dressurturniere, oder Polo-Ponys. Die besten der vierbeinigen Sportler reisen quer durch die Welt vom Heimatstall zum Trainingslager, zu einem Rennen, wieder zurück – oder sie werden verkauft und müssen zum nächsten Besitzer. Hier ist auf längeren Routen selbstverständlich das Flugzeug das bevorzugte Verkehrsmittel. Auf der Landstraße seht ihr manchmal Autos mit einem Pferdeanhänger, in den ein oder zwei Tiere passen. Das sind die Kollegen aus der unteren Liga. Die Luftfracht-Container für Rennpferde der internationalen Champions League sind ähnlich gebaut wie diese Anhänger, allerdings ohne Räder. Sie haben eine Polsterung an den Seiten, damit das Pferd sich nicht verletzt, falls es mal etwas rumpelig wird beim Verladen oder im Flug. In Kopfhöhe ist der Transportstall ein Stück weit offen, so dass unser vierbeiniger Passagier herausgucken kann. Bei den teuersten Rennpferden reist extra ein Pfleger im Frachtraum mit, der sich während des Fluges um die Tiere kümmert.

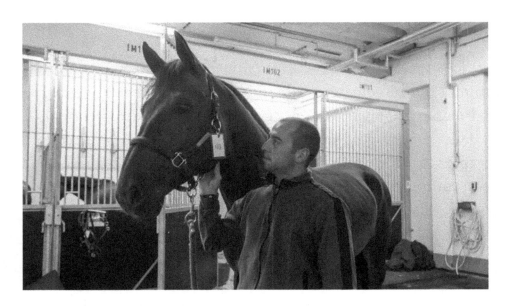

Pferde-Vielflieger-Lounge (Lufthansa Cargo)

Oh weh, werdet ihr sagen, das ist bestimmt wahnsinnig teuer. Das ist richtig, aber Rennen mit eigenen Pferden waren immer schon ein extravagantes Vergnügen nur für reiche Leute. Es gibt arabische Scheichs, amerikanische Multimillionäre oder englische Lords, die Rennställe mit mehreren hundert Pferden unterhalten, jedes so wertvoll wie ein großes Auto. Da kommt es auf den Preis für ein XXL-Flugticket auch nicht mehr an.

Gold und Geld

Das Rätsel um die fliegenden Pferde hätten wir jetzt also gelöst. Aber lasst uns weiter im Frachtraum unseres Großflugzeuges stöbern. Vielleicht finden wir ja noch etwas anderes Aufregendes an Bord. Tatsächlich – schaut hier: ein Container voll mit neon-grünen Bikinis! Und dort, das sieht doch aus wie… tatsächlich, ein Riesenhaufen Geld in sauber abgepackten Bündeln!

Was macht das viele Geld im Flugzeug? Wie ihr sicher wisst, ist das Drucken von Bargeld kein Kinderspiel, denn moderne Geldscheine sind vielfach gegen Fälschungen gesichert. Da gibt es zum Beispiel ein Wasserzeichen im Papier, das ihr erkennt, wenn ihr den Schein gegen das Licht haltet, und einen eingearbeiteten Silberstreifen. Es gibt nur wenige Druckereien auf der Welt, die echtes Bargeld auf diesem hohen Standard herstellen können – übrigens zwei davon in Deutschland. Viele Staaten drucken ihr Geld aus Sicherheitsgründen lieber nicht selbst, sondern lassen es bei einer dieser Druckereien herstellen. Auch frisch gedrucktes Bargeld versendet man gern per Flugzeug. Weil der Transport so schnell geht, ist die kostbare Fracht nicht so lange den Gefahren unterwegs ausgesetzt und damit sicherer als auf dem Schiff oder in der Bahn. Aus dem gleichen Grund werden Barrengold, Juwelen und Kunstwerke ebenfalls meist im Flugzeug transportiert. So eine Maschine ist eigentlich eine moderne Version der spanischen Schatz-Galeone aus der Zeit der Segelschiffe, wie ihr sie aus Piratenfilmen kennt.

Ho, ho – das wissen natürlich auch die raffinierteren unter den Verbrechern. Es gibt tatsächlich gelegentlich Diebstahl und versuchte Überfälle – aber zum Glück nur selten. Man kann Flughäfen und Flugzeuge mittlerweile ziemlich gut gegen solche Angriffe schützen. Für einen turbulenten Gangsterfilm wäre hier dennoch genug Stoff.

Bikini-Alarm

Wirklich geheimnisvoll sind jetzt eigentlich nur noch diese neon-grünen Bikinis. Was machen die hier? Da spielen Sicherheitsgedanken kaum eine Rolle, wer würde denn ein paar tausend Badeanzüge klauen wollen? Und verderblich sind sie schon gar nicht. Wir alle haben im Winter unsere Badehosen über Monate im Schrank – da wird nichts gammelig, oder? Diese Bikinis könnte man problemlos mit dem Schiff verschicken, z. B. von China oder Thailand, wo sie produziert werden, zu uns nach Europa. Das wäre in der Tat viel billiger.

Aber jetzt versetzen wir uns in die Lage eines Herstellers von Bademoden irgendwo in Asien. Da erhalten wir im Frühling die (vertrauliche) Nachricht, im nächsten Sommer werden an den Stränden in Deutschland, Frankreich, Italien und so weiter neon-grüne Bikinis der letzte Schrei. Was tun wir jetzt? Richtig, wir kaufen neon-grünen Stoff ohne Ende und werfen die Nähmaschinen an. Und dann schicken wir unsere Ware mit Luftfracht los, damit wir gleich zu Beginn der Badesaison in allen Geschäften sind mit unseren tollen Bikinis. Einverstanden? Oder will jemand besonders schlau sein und Geld sparen? Wir schicken die Bikinis billig mit dem Schiff? Und können sie dann ab Oktober verkaufen? Klingt nicht nach einer guten Idee, oder? Im weltweiten Geschäftsverkehr kommt es stets darauf an, schneller zu sein als die Konkurrenz. Wenn man Waren in einer Ecke der Welt (China) billig produziert und in einer anderen Ecke (Deutschland oder USA) teuer verkauft, kann man schnell sehr viel Geld verdienen.

Aber man muss aufpassen, dass nicht ein anderer schon vorher da ist mit seinem Zeug.

Deshalb finden wir in den Fracht-Containern in den Flugzeugen auch so viele Smartphones, Tablet-Computer oder Flachbildfernseher, denn jeder Hersteller will mit seinen neuesten Geräten der Erste auf dem Markt sein. Das ist auch der Grund, warum Frachtflugzeuge überwiegend bei Nacht unterwegs sind: man kann die Produktion des Tages am Abend auf den Flieger laden und idealerweise schon am nächsten Morgen beim Kunden abliefern.

Hin – und zurück

Luftfracht ist ein entscheidender Erfolgsfaktor im Welthandel geworden. Viele Waren werden heute im Flugzeug transportiert. Das können wertvolle Maschinen sein, Lebensmittel, Modeartikel oder halt lebende Tiere. Und außerdem – nun, die kleineren Kinder gehen jetzt ins Bett, denn für die wird es etwas zu gruselig. Kurze Pause. Alle unter zwölf brav eingeschlafen? Gut, dann weiter nur für die Großen: unser Flugzeug transportiert also lebendige Menschen auf dem Passagierdeck und vielleicht lebendige Tiere darunter im Frachtraum. Auch tote Tiere im Frachtraum gibt es häufig, zum Beispiel frisch gefangene Fische, Krabben, Austern.

Und ... tote Menschen? Die Fluggesellschaften reden nicht gern darüber, aber ja: gelegentlich fliegt schon mal ein Sarg mit einer menschlichen Leiche im Frachtraum mit. Ein amerikanischer

Tourist, der in Europa verstirbt, wird sicherlich im Flugzeug zur Beerdigung in die Heimat zurückreisen, nur eben nicht auf dem ursprünglich gebuchten Sitzplatz. Auf bestimmten Routen sind Särge sogar ziemlich häufig an Bord. Zum Beispiel von Mallorca nach Deutschland: es leben bekanntlich viele alte deutsche Rentnerinnen und Rentner auf dieser spanischen Insel. Da kommt es halt immer mal wieder vor, dass…

Klappe zu

Eigentlich ist noch lange nicht Schluss. Es gäbe noch viel zu erzählen über die Wunderwelt der Luftfracht. Da gibt es Symphonieorchester und Rockbands, die mit extra gecharterten Frachtflugzeugen für ihre Instrumente und Anlagen auf Welttournee gehen. Es gibt den Formel-1-Zirkus, wo Rennwagen und Ersatzteile zum nächsten Rennwochenende transportiert werden. Es gibt Nothilfeflüge nach Erdbeben und… Aber ich muss Schluss machen: Timo Schlaurier winkt und zeigt an, es wird Zeit für die nächste Vorlesung. Wir sollen raus aus dem Laderaum des Flugzeugs und die große Frachttür geht hinter uns zu.

So fing es an

Der Transport von Gütern mit dem Flugzeug begann vor fast hundert Jahren. Damals wurden die ersten Briefe mit Luftpost befördert. Passagiere flogen noch nicht mit, das galt als viel zu gefährlich: die Flugzeuge der Pioniere waren zerbrechliche Konstruktionen aus Rohren mit Textilbespannung. Es gab damals noch kein Internet, keine E-Mail, kein Telefax. Wer anderen eine Botschaft senden wollte, musste sie auf Papier schreiben und verschicken. Wenn die Botschaft eilig war und der Empfänger weit weg wohnte, lohnte sich der Versand mit Luftpost. Man benutzte dafür besonders dünnes und leichtes Papier, um Gewicht und damit Briefporto zu sparen – und man musste etwas teurere Briefmarken kaufen. Postflugzeuge beförderten Säcke mit derartigen Briefen, aber auch Vertragsdokumenten oder Konstruktionszeichnungen. Zeitungen und aktuelle Kinofilme waren ebenfalls eine lohnende, weil zeitkritische Ladung.

Klausur

Frage 1

Ein großes Frachtflugzeug (zum Beispiel Boeing 747 Jumbo Jet) kann maximal

Q = 10 Tonnen

G = 25 Tonnen

R = 75 Tonnen

A = mehr als 100 Tonnen Fracht transportieren

Frage 2

Pferde fliegen im Flugzeug

W = in speziellen Anhängern, die hinter dem Flugzeug hergezogen werden.

N = in besonderen Stall-Containern im Frachtraum.

I = auf abgetrennten größeren Pferde-Sitzen hinter der Passagierkabine.

Frage 3

Welches der folgenden Güter wird normalerweise nicht per Luftfracht befördert

H = Eisenerz

S = Bargeld

Z = Mobiltelefone

Y = Zootiere

Frage 4

Luftfracht kostet mehr als Landtransport mit Schiff, Bahn oder Lastwagen, und zwar pro Kilogramm

F = anderthalbmal so viel

C = doppelt so viel

L = viermal so viel

O = zehnmal so viel

Frage 5

Die Behälter, in denen mehrere Sendungen gesammelt und gemeinsam ins Flugzeug geladen werden, heißen

U = Controller

N = Container

R = Consumer

P = Computer

Frage 6

Die Kunstsammlung eines berühmten Museums in Berlin wird für einige Wochen an ein Museum in den USA für eine Sonderausstellung ausgeliehen. Der Transport über den

Atlantik erfolgt wahrscheinlich

V = per Schiff, damit die Sammlung nicht bei einem Flugzeugabsturz verlorengeht.

R = per Flugzeug, um die für die Sammlung gefährliche Transportzeit möglichst kurz zu halten.

W = kommt darauf an, was billiger ist.

Frage 7
Die Pferde, die per Luftfracht transportiert werden, sind meist

T = Tiere, denen es auf dem Ponyhof zu langweilig ist und die Abwechslung brauchen.

M = Zirkuspferde, die woanders bestimmte Kunststücke lernen sollen.

S = wertvolle Rennpferde auf dem Weg zu einem Rennen oder Turnier (bzw. zurück).

Der Autor

Prof. Dr. Thomas Biermann

Thomas Biermann ist Professor für Betriebswirtschaft an der Technischen Hochschule Wildau und leitet dort den internationalen Master-Studiengang „Aviation Management". Hier werden – in englischer Sprache – Führungskräfte aus aller Welt (zum Beispiel aus Indien, Mexiko, Russland) für die Luftfahrt ausgebildet.

Unser Autor wurde 1954 in Bonn geboren. In seiner Heimatstadt studierte er Volkswirtschaft mit dem Schwerpunkt Verkehrswissenschaften. Seine Doktorarbeit schrieb er an der Universität Köln über wirtschaftliche Probleme von Fluggesellschaften.

Biermann arbeitete mehr als elf Jahre lang bei der Deutschen Lufthansa und kam 1994 als Hochschullehrer nach Wildau. Er hält regelmäßig Gastvorlesungen und Vorträge über den Luftverkehr und ist Verfasser mehrerer Fachbücher; das neueste erschien 2015 und behandelt das Thema Sicherheit in der Fliegerei (Safety Management in Aviation – and Beyond, Wildau 2015). Er ist verheiratet mit einer Architektin und hat eine Tochter, die in Berlin studiert.

Wie kann ein Arzt aus der Ferne helfen?

Prof. Dr. Ralf Vandenhouten

Was ist Patientenmonitoring und wozu wird es benötigt?

Ein Patientenmonitor ist ein Überwachungsgerät für alle wichtigen Körperfunktionen, wie das Herz, die Atmung oder den Puls. Er wird im Operationssaal und im Aufwachraum, auf der Intensivstation oder bei einem Notfall benötigt. Der Monitor überwacht einen Patienten auch während des Schlafes, also in der Narkose bei einer Operation. Dabei wird der Patientenmonitor vom Arzt beobachtet (z. B. Narkosearzt) und kann alle lebenswichtigen Funktionen des Schlafenden überwachen. Durch die ständige Überwachung können Narkose-Medikamente reduziert werden, was eine geringere Belastung für den Körper bedeutet. Beobachtet der Arzt den Monitor nicht ständig, ist das kein Problem. Der Patientenmonitor schlägt automatisch Alarm, wenn Messwerte in einen kritischen Bereich fallen, also später lebensbedrohlich werden könnten. Mit dem Alarm kann der Arzt also frühzeitig Komplikationen während der Operation erkennen, ohne dass er ständig auf den Monitor blicken muss.

Wie funktioniert der Patientenmonitor?

Über Kabel ist der Patient mit dem Patientenmonitor verbunden. Je nachdem welcher Wert gemessen wird, sind an den Kabeln entsprechende Sensoren angebracht. Diese Sensoren messen dann z. B. den Herzrhythmus (EKG) und die Atmung, den Blutdruck, Puls und Sauerstoffsättigung oder die Temperatur.

Wird eine spezielle Operation durchgeführt, können weitere Sensoren angeschlossen und Werte gemessen werden, z. B. Gehirnströme.

Wie kann die Telematik helfen, einen Patienten noch besser zu überwachen?

Das Patientenmonitoring ist schon sehr hilfreich für den Arzt, doch es gibt einiges was der Monitor NICHT kann, z. B. kann er nicht in einem anderen Zimmer stehen oder mehrere Patienten gleichzeitig überwachen. Dabei hilft heutzutage die Telematik.

Mit einer Telematik-Software kann sich der Arzt mit allen Patientenmonitoren auf der Station gleichzeitig verbinden. So hat er alle Patienten auch während seiner Büroarbeit immer im Blick. Mobil mit dem Tablet unterwegs, kann der Arzt nun auch einmal auf eine andere Station gehen oder zum Essen, ohne seine schwerkranken Patienten aus den Augen zu verlieren. Per Funk werden alle Werte auf das Tablet übertragen und auch dort angezeigt.

Mobile Telematik-Software für das gesamte Krankenhaus

Was kann Medizintelematik noch?

Durch die Ausstattung entfernter Orte mit den entsprechenden Geräten kann man mit Medizintelematik vielen Menschen eine ärztliche Versorgung bieten, obwohl sie weit voneinander entfernt sind, und Ärzte können über eine große Entfernung hinweg zusammenarbeiten.

Die Medizintelematik kann auch für Feuerwehrmänner im Falle eines Einsatzes nützlich sein. Sie tragen unter der Ausrüstung ein Computer-T-Shirt, das ihre Atmung und Herzfunktionen überwacht und an den Arzt überträgt.
Außerdem gibt es spezielle EKG-Handys, die mit einem Notfall-EKG-Messgerät ausgestattet sind. Das Handy wird an das Herz des Notfallpatienten gehalten und die Daten werden an das nächste Krankenhaus übertragen.

Die Medizintelematik kann auch bei einer Notfalloperation helfen, wenn etwa ein Chirurg in der Antarktis einen Forscher operiert. Der Narkosearzt überwacht den Patienten, sein Herz und seinen Puls, von einer Klinik in Deutschland aus. Der Computer nimmt über den Patientenmonitor lebenswichtige Daten des Patienten auf, überträgt sie in Sekundenschnelle über das Internet nach Deutschland und zeigt die Daten dem Narkosearzt auf einem PC an. Über eine Standleitung können sich die Ärzte über den Zustand des Patienten austauschen, um Komplikationen während der Operation auszuschließen.

Klausur

Frage 1

Was ist die Herzfrequenz?

A = Anzahl der Herzschläge pro Minute

B = der Puls

Frage 2

Warum benötigen Ärzte Patientenmonitore? Mehrere Antworten sind richtig!

C = damit Patienten fernsehen können

D = zur Überwachung eines Patienten im Schlafzustand oder unter Narkose

E = zur Kontrolle und zum automatischen Alarmschlagen, wenn kritische Werte lebenswichtiger Funktionen erreicht werden

Frage 3

Welche Körperfunktionen können mit Hilfe eines Patientenmonitors überwacht werden? Mehrere Antworten sind richtig!

F = Träume

G = Herz

H = Hunger- und Durstgefühl

I = Atmung

J = Unwohlsein

Frage 4

Wie nennt man die technischen Bauteile, mit denen der Patient zu Messzwecken ausgestattet wird?

K = Heftpflaster

L = Rasur

M = HDMI-Adapter

N = Sensoren

Frage 5

Was benötigt man, wenn Patientendaten aus der Ferne abgerufen werden sollen, z. B. auf einen PC, Laptop, ein Tablet oder Smartphone? Mehrere Antworten sind richtig!

O = mobiles Internet

P = langes Kabel zur Datenübertragung

Q = Telefonisten oder Krankenschwestern, welche die

Informationen akustisch und analog übertragen

R= Geduld und den richterlichen Beschluss zur Freigabe der Patientendaten an den versorgenden Arzt
S= spezielle Software zur Datenübertragung auf sendenden und empfangenden Geräten

Der Autor

Prof. Dr. Ralf Vandenhouten

Ralf Vandenhouten ist Professor für Telematik und Informatik an der Technischen Hochschule Wildau und leitet dort den Studiengang Telematik. Er wurde 1965 am Niederrhein geboren und konnte sich schon an der Schule für naturwissenschaftliche und technische Zusammenhänge begeistern.

Deshalb studierte er anschließend an der Rheinisch-Westfälischen Technischen Hochschule Aachen Physik und Mathematik und schrieb seine Doktorarbeit über die Analyse instationärer Zeitreihen komplexer Systeme. Danach gründete er mehrere Unternehmen, die sich mit Softwareentwicklung und industrieller Automation beschäftigten.

Nach Wildau kam Vandenhouten im Jahr 2000, wo er neben der Lehre für den Studiengang Telematik auch eine Forschungsgruppe für Bildverarbeitung, Mobile Computing und Telematik leitet und seit 2011 Vizepräsident für Forschung und Unternehmenskontakte ist.

Mathematik – eine internationale Sprache

Prof. Dr. Ulrike Tippe

Heute werden wir es mit einer Frage zu tun haben, die ihr sicher schon alle mal in der einen oder anderen Form erlebt habt und uns über die Mathematik und deren „Sprache" unterhalten.

Kommen wir zunächst einmal zur „mathematischen" Sprache: Jede Sprache benutzt Zeichen, die nach bestimmten Regeln zusammengefügt werden. So auch die Mathematik:

Die „Zeichen" sind Zahlen und Symbole wie „+", "-" usw., die Regeln sind unsere Rechenregeln wie die Addition und die Subtraktion. Diese Vereinbarungen sind ungemein praktisch, denn es erspart uns lange Texte und Erklärungen.

Zum Beispiel kann ich euch zunächst Folgendes bitten:

„Bitte nehmt die Zahl 15 und multipliziert sie mit 2. Dann addiert ihr zu diesem Ergebnis 8. Welche Zahl erhaltet ihr?"

So ein langer Text! Das geht doch auch viel schneller, oder? Natürlich, denn ich könnte auch einfach die folgende Aufgabe an die Tafel schreiben:

$15 \cdot 2 + 8 =$

Wie ihr seht, habe ich den langen Satz (eine so genannte „Textaufgabe") ganz kurz mit Hilfe von mathematischen Zeichen (Zahlen, „+" und „-„ sowie „=") geschrieben und bitte euch nun, das Ergebnis einzutragen (ich denke, das ist noch nicht so schwer!).

Neben der kurzen Darstellungsweise ist ein weiterer Vorteil der „mathematischen Sprache", dass zum Beispiel unsere obige Aufgabe in jedem Mathematikbuch der Welt stehen könnte. Denn die Zahlen und Zeichen werden überall verwendet und verstanden!

Unseren ausformulierten langen Satz hingegen verstehen nur die Schüler, die unsere Landessprache beherrschen.

Also ist die Mathematik eine „internationale" Sprache!

In dieser Sprache können wir uns unterhalten und auch viele Fragen beantworten. Nun schauen wir uns einmal an, welche Frage Timo letzten Sommer hatte und wie wir das in „mathematisch" ausdrücken und lösen können:

Timo kann sich nicht entscheiden

Unser Freund Timo hat Appetit auf ein Eis. Er hat nicht viel Taschengeld, doch für zwei Kugeln wird es reichen. Er geht los und stellt Folgendes fest: Es gibt im Eisladen acht verschiedene Sorten Eis, die er eigentlich alle sehr mag. Nun ist guter Rat teuer: Für welche Sorten soll er sich entscheiden?

Es gibt so viele Möglichkeiten, sich aus dem Angebot zwei verschiedene Sorten auszusuchen.

„So viele"? Ja, wie viele gibt es denn eigentlich?

Das sieht irgendwie kompliziert aus: Acht Sorten, die man alle miteinander kombinieren kann – oh je. *Was tun?*

Die Mathematiker gehen in solchen Fällen, bei denen sie zunächst nicht weiter wissen, oftmals so vor:
Sie lösen nicht das ursprüngliche, komplizierte Problem, sondern „tasten" sich langsam voran, indem sie erst einmal ein einfacheres lösen. In unserem Fall ist es sicher einfacher, wenn wir nicht acht, sondern drei Sorten Eis (Vanille, Schoko, Himbeere) zur Auswahl haben.

Welche Kombinationsmöglichkeiten sind nun denkbar?

Wir gehen jetzt systematisch und schrittweise vor. Davor notieren wir uns aber noch ein paar Dinge auf „mathematisch" und nennen die Anzahl der verschiedenen Eissorten „n". In unserem Fall ist n=3. Dann geht es weiter in drei Schritten:

1. Schritt: Wir wählen (willkürlich) eine Sorte, in unserem Fall Vanille und kombinieren es mit Schoko (Vanille/Schoko) und dann mit Himbeere (Vanille/Himbeere).

2. Schritt: Wir wählen nun eine der beiden anderen Sorten (z. B. Schoko) und kombinieren diese mit den anderen. Dann erhalten wir die Kombinationen: Schoko/Vanille und Schoko/Himbeere.

3. Schritt: Jetzt ist nur noch das Himbeereis da, um kombiniert zu werden. Wir erhalten Himbeere/Vanille und Himbeere/Schoko.

Nun stellen wir fest: Insgesamt haben wir eigentlich sechs Eiskombinationen gebildet, aber alle Kombinationen kommen jeweils zweimal vor – nur in umgekehrter Reihenfolge (Schoko/Vanille und Vanille/Schoko usw.). Für unsere Fragestellung ergibt sich nun, dass wir alle doppelt vorkommenden „Eispaare" streichen müssen, denn es ist ja völlig egal, ob Timo zunächst Schoko und dann Vanille aussucht oder umgekehrt.

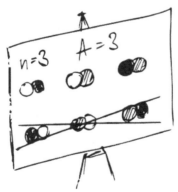

Ihr seht, dass wir für die Anzahl den Buchstaben A gewählt haben – das ist so schön kurz und einfach auf der Tafel zu schreiben!
Unser Ergebnis ist schon mal sehr interessant, aber wir wissen natürlich noch lange nicht, wie sich die Anzahl der Kombinationsmöglichkeiten bei mehr als drei Eissorten

verhält. Hierfür müssen wir noch weiter probieren und erhöhen nun die Anzahl der Eissorten (wir nehmen noch Pistazie hinzu):

Wir gehen ganz genauso vor wie vorher und beginnen mit einer Eissorte (welche ist völlig egal). Wir starten wieder mit Vanille und gehen schrittweise vor:

1. Schritt: Vanille/Schoko, Vanille/Himbeere, Vanille/Pistazie

2. Schritt: Wir nehmen jetzt die zweite Sorte (Schoko) und kombinieren: Schoko/Vanille (hatten wir schon...), Schoko/Himbeere, Schoko/Pistazie

3. Schritt: Wir wählen die dritte Sorte (Himbeere) und kombinieren: Himbeere/Vanille (hatten wir schon…), Himbeere/Schoko (hatten wir schon…), Himbeere/Pistazie

4. Schritt: Jetzt sind wir bei der letzten Sorte angekommen (Pistazie) und stellen fest, dass wir Pistazie schon mit allen anderen Sorten vorher kombiniert haben (Pistazie/Vanille ergibt dasselbe wie Vanille/Pistazie usw.). D. h. es gibt keine weitere, neue Kombinationsmöglichkeit. Wir zählen nun die fett gedruckten „Eispaare" in unserem Beispiel und erhalten:

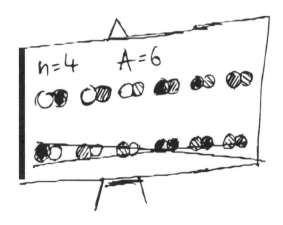

In meinem Unterricht führe ich stets auf genau dieselbe Art und Weise vor, wie man zu einem Ergebnis bei fünf verschiedenen Eissorten kommen kann. Als Farbe für die neu hinzu gekommene Eissorte wähle ich die Farbe „Blau". Was für eine Eissorte könnte das sein? Egal, denkt euch einfach was aus und los geht es: Malt das folgende Bild auf ein Blatt Papier, setzt einen Namen für die neue Eissorte ein und kombiniert einfach drauf los (so wie in den Beispielen davor):

(Haus)Aufgabe:

Schade, dass ich jetzt nicht direkt bei euch bin, aber ich bin sicher, dass ihr zu einem Ergebnis gekommen seid. Wir fassen nun unser Zwischenergebnis in der folgenden Tabelle zusammen:

n	A
3	3
4	6
5	10

Spannend ist ja nun die Frage, wie es weiter geht, wenn wir die Anzahl der Eissorten immer mehr erhöhen (wir erinnern uns: Timo hatte die Auswahl zwischen acht Sorten!). Ehrlich gesagt ist es mir jetzt viel zu mühsam, so weiterzumachen wie vorher, d. h. die ganzen Kombinationen zu malen/aufzuschreiben und abzuzählen. Es ist jetzt nun wirklich an der Zeit, das alles etwas systematischer anzugehen und noch mehr die Sprache „Mathematik" zu nutzen.

Was ist ein „Baumdiagramm"?

Mathematiker lieben es einfach, wenn man Dinge einfach berechnen kann und nicht immer komplizierte Bilder oder andere Dinge für jeden Einzelfall zeichnen muss! Wir möchten gerne eine einzige Rechenvorschrift, die wir immer anwenden können. In unserem Fall möchten wir einfach nur gerne wissen, wie wir blitzschnell für jede Anzahl von Eissorten die Anzahl verschiedener Kombinationsmöglichkeiten berechnen können (wenn wir zwei unterschiedliche Eissorten wählen dürfen).

Wir werden das jetzt gleich wissen, fangen aber auch wieder ganz von vorne, d. h. bei $n=3$ Eissorten an. Versetzt euch jetzt einmal in Timos Lage: Er steht vor drei verschiedenen

Eissorten und soll zwei unterschiedliche Sorten wählen. *Wie geht er vor?*

Ganz einfach: Er wird in 2 Schritten vorgehen und wählt zunächst die erste und dann die zweite Kugel. Ok, das haut euch jetzt noch nicht um, aber was passiert bei den beiden Schritten?

1. Schritt: Timo hat die Wahl zwischen drei Sorten (für die erste Kugel)

2. Schritt: Timo hat für die zweite Kugel nur noch zwei Sorten zur Auswahl, da ja eine schon ausgewählt in der Waffel liegt. Je nachdem, für welche Kugel er sich im ersten Schritt entschieden hat, so bleiben ihm bei der zweiten Kugel nur die jeweils anderen Sorten zur Wahl. Diese beiden genannten Schritte verdeutlichen wir uns nun anhand eines so genannten Baumdiagramms:

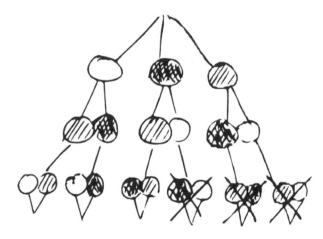

Wir werden in der Tat an einen Baum erinnert, dessen Wurzel

bei der Auswahl der ersten Eiskugel liegt und in unserem Fall mit drei Ästen beginnt (1. Schritt).

Danach gehen von jeder gewählten Eiskugel nur noch zwei Äste ab, weil jetzt nur noch zwei Sorten zur Auswahl stehen. Wie bei einem Baum entstehen immer mehr Äste, wenn man weiter nach oben kommt. In unserem Fall ist der Baum nicht so groß, weil wir nur zweimal etwas auswählen. Aber das Ende eines jeden Astes steht für eine der möglichen Eistüten, die Timo bekommen könnte. Insgesamt sind es sechs (3·2=6) Äste, an deren Ende ein Eis „hängt".

Schauen wir genauer hin, sehen wir aber auch wieder, dass einige Eistüten identisch sind. Wir haben hier denselben Effekt wie vorher, als wir noch „per Hand" alle möglichen Eistüten gebildet haben: Jede Kombination kommt zweimal vor, denn es ist egal, ob Timo z. B. zuerst Vanille und dann Himbeere aussucht oder umgekehrt. Das Ergebnis ist dasselbe.

Also müssen wir die Anzahl der Eistüten am Ende der Äste noch halbieren und bekommen die Anzahl der gesuchten Kombinationen, nämlich A=3:

$$A = (3 * 2) : 2 = \frac{3 * 2}{2} = 3$$

Ihr seht, dass das Ergebnis dasselbe ist wie vorher, aber der Weg etwas anders – man sagt auch, das sei etwas „systematischer".

Dieses Baumdiagramm kann man natürlich auch für mehr als drei Sorten zeichnen. Der große Vorteil ist der, dass man bei dieser Methode eine gewisse Gesetzmäßigkeit erkennt, die uns hilft, auch für ganz, ganz viele Eissorten unser „Eiskugelproblem" zu lösen.

Wenn ihr das Baumdiagramm noch einmal für fünf verschiedene Sorten aufzeichnet, dann werden wir sehen, wie wir rechnen können und müssen nicht mehr so viel zeichnen!

Wir haben wieder zwei Stufen, aber in der ersten Stufe fünf Wahlmöglichkeiten, in der zweiten Stufe dann vier!
Das ergibt zunächst 20 Eistüten (5·4=20).

Wir erkennen aber auch hier wieder, dass am Ende jede Eiskombination doppelt vorkommt, d. h. die gesuchte Anzahl ist 20:2=10! Auch das bestätigt unser Ergebnis von vorher:

$$A = (5 * 4) : 2 = \frac{5 * 4}{2} = 10$$

Unsere Formel für Timo

Ich glaube, jetzt sind wir so weit, zu verstehen, wie man das Problem allgemein lösen kann:

Wir nehmen an, dass wir „n" Eissorten haben und möchten zwei verschiedene Sorten auswählen.

Im ersten Schritt haben wir „n" Auswahlmöglichkeiten, beim zweiten Schritt eine weniger, d. h. „n-1". Damit erhalten wir das folgende Ergebnis:

Unsere „Formel" lautet also:

$$A = (n \cdot (n-1)) : 2 = \frac{n \cdot (n-1)}{2}$$

Mit dieser Formel können wir nun rechnen und ganz viele Aufgaben lösen und natürlich Timos wichtige Frage beantworten:

Timo möchte aus acht Sorten Eis zwei verschiedene Kugeln aussuchen. Wie viele Möglichkeiten hat er?

Die Anzahl der Möglichkeiten nennen wir wieder „A". In unserem Fall haben wir 8 Sorten. Wenn wir das in die Formel einsetzen, erhalten wir als Lösung:

$$A = (8*7)/2 = 28$$

Super, da sind wir einen riesigen Schritt weitergekommen. Aber wir sind noch nicht am Ende:
Es muss nicht immer Eis sein, nein, es gibt viele Aufgaben, die wir mit unserer Formel jetzt lösen können, zum Beispiel die folgende: Bei einer Schnitzeljagd auf einem Kindergeburtstag sollen Zweierteams gebildet werden. Es sind insgesamt 12 Kinder dort. Wie viele Teams können theoretisch gebildet werden?

Hier ist nun n = 12 und n-1 = 11, und wenn wir das wie oben in die Formel einsetzen, erhalten wir als Lösung:

$$A = (12*11)/2 = 66$$

Theoretisch können also 66 Teams gebildet werden! Probiert es doch einfach mal aus! Ihr werdet sehen, das klappt, auch wenn

es vielleicht mit 12 Kindern etwas unübersichtlich ist. Ihr könnt es ja mit weniger Kindern probieren.

Das findet auch Timo spannend: Seine Formel für das Eiskugelproblem kann er also ganz vielseitig verwenden. Übrigens: Viele Mathematiker beschäftigen sich mit dieser und ähnlichen Arten des Rechnens.
…und Timo ist begeistert:

> *„Oh, da habe ich ja viel gelernt:*
> *Formeln sind ja gar nicht schlimm, sondern helfen uns sehr. Haben wir sie einmal entwickelt, können wir ganz schnell etwas ausrechnen, was kompliziert erscheint! Immer und immer wieder! Man kann sie übertragen auf andere passende Situationen und das Rechnen erleichtern. Und: Diese mathematische ‚Formelsprache' ist ‚international' – wir finden sie in allen Mathematikbüchern dieser Welt! Das wusste ich vorher nicht!"*

Was Timo auch noch nicht weiß: Es gibt in der so genannten Kombinatorik natürlich noch ganz viele, noch weit komplizietere Fragen und damit verbundene Formeln. Eine ganz spannende Anwendung ist die so genannte „Wahrscheinlichkeitstheorie": Wenn ihr zum Beispiel wissen wollt, wie groß die Chance ist, beim Lotto sechs Richtige zu gewinnen, kommt ihr ohne Wissen über Kombinatorik nicht weiter. Aber das soll uns jetzt noch nicht kümmern und würde hier entschieden zu weit führen!

Die Autorin

Prof. Dr. Ulrike Tippe

Ulrike Tippe ist in Berlin geboren und dort auch zur Schule gegangen. In ihrer Kindheit spielte die Mathematik schon immer eine große Rolle, da einige Familienmitglieder Mathematiker waren und diese ihre Freude an der Mathematik nie verborgen haben: Ihr Vater verstand es z. B. auf wunderbare Weise, Geschichten zu erzählen, die allesamt spannend waren aber ganz oft auch einen mathematischen Hintergrund hatten. Nahezu unmerklich hat er Themen wie „Rechnen mit negativen Zahlen", „Rechentricks zur Multiplikation großer Zahlen (ohne Taschenrechner, den gab es da noch nicht!!)" und vieles mehr seinen Kindern von klein auf spielerisch und anschaulich aufbereitet und so die Mathematik als etwas „ganz normales" erscheinen lassen.

Die Freude an der Mathematik und auch daran, schwierige und vielleicht auch komplizierte Dinge einfach zu erklären, ist in den Jahren darauf auch auf Ulrike Tippe übergegangen. Da sie aber nicht nur die Mathematik faszinierte, sondern sie sich auch für andere Fachrichtungen interessierte, entschied sie sich zu Beginn der 80er Jahre ein Lehramtsstudium für Mathematik und Französisch (Romanistik) an der Freien Universität Berlin aufzunehmen. Sehr schnell bemerkte sie aber, dass die Mathematik doch „ihre" Fachrichtung ist und sie sich ganz darauf konzentrieren wollte. Daraufhin wechselte sie zu dem damaligen Diplomstudiengang Mathematik und wählte dazu das Nebenfach Astronomie.

Nach dem Studium, in dem sie sich auf die so genannte „Mathematische Physik" konzentriert hat, erhielt sie die Möglichkeit, auf einem Spezialgebiet der Mathematik, der so genannten „Dynamischen Systeme" ihren Doktortitel zu erwerben. In dieser Zeit wurden auch ihre beiden Kinder geboren. Nach einigen Jahren Tätigkeit als Unternehmensberaterin und Dozentin an verschiedenen Berliner Hochschulen erhielt Ulrike Tippe im Jahr 2000 eine Gastprofessur an der Technischen Fachhochschule Wildau. Seit 2004 ist sie dort Professorin für E-Business, insbesondere E-Learning und Angewandte Mathematik.

Als Hochschullehrerin ist somit ihr erster Berufswunsch „Lehrerin" schlussendlich doch in Erfüllung gegangen: Auch an einer Hochschule kommt es darauf an, die Studierenden zu begeistern und komplizierte Dinge „einfach" zu erklären!

Seit 2011 ist Ulrike Tippe Vizepräsidentin für Studium, Lehre und Qualität an der TH Wildau und lebt mit ihrer Familie einschließlich Hund in Berlin. In ihrer Freizeit treibt sie gerne Sport und spielt auch sehr gerne Querflöte.

Anders streiten

Dr. Greg Bond

Die 40-Watt-Glühbirne

Vor einigen Jahren musste eine Richterin im Landgericht Wiesbaden in Hessen eine schwierige Entscheidung treffen. Es ging um eine 40-Watt-Glühbirne. Falls ihr es nicht wisst, eine 40-Watt-Glühbirne strahlt kein besonders helles Licht aus. In euren Wohnzimmern sind die Lampen heller.

Diese Glühbirne war außen an dem Haus eines Polizeibeamten angebracht und brannte die ganze Nacht. Die Lampe hatte der Polizist angebaut, weil er sicher vor Einbrechern sein wollte. Wenn sein Vorgarten beleuchtet war, würde das Diebe abschrecken. So argumentierte er vor Gericht.

Das Problem war, dass das Licht in das Grundstück seines Nachbarn strahlte. Der war selbst Richter, obwohl er in diesem Fall nur als Privatmann handelte. Der Richter fühlte sich von dem nächtlichen Licht des Nachbarn gestört und konnte nicht gut schlafen, weil sein Schlafzimmer zu hell war. Er versuchte, den Nachbarn zu überreden, das Licht auszuschalten. Doch der wollte das nicht tun. Es entstand ein unangenehmer Streit zwischen Nachbarn.

Der Richter verklagte seinen Nachbarn, den Polizeibeamten, vor Gericht. Wenn zwei sich streiten, gibt es Gerichte, die auf der Basis von Gesetzen entscheiden, wer Recht hat und wie der Geschädigte entschädigt werden soll. Gerichtsverfahren gibt es nicht nur bei Straftaten, sondern auch im so genannten Privatrecht. Eine Straftat, wie ein Diebstahl oder der illegale Besitz von Waffen oder der Handel mit Drogen, wird vom

Staat verfolgt. Im Privatrecht kann jemand einen Anspruch gegen eine andere Person erheben, weil er meint, von dieser zu Unrecht geschädigt oder belästigt worden zu sein. Das ist keine Straftat nach dem Strafgesetzbuch, kann aber aufgrund anderer Gesetze, zum Beispiel dem Bürgerlichen Gesetzbuch, von einem Gericht verhandelt werden. So war es hier auch – der Richter fühlte sich von der Lampe des Polizisten sehr gestört, und der einzige Weg, den er sah, diese Störung zu beenden, war die Klage vor einem Gericht.

Was meint ihr? Ist ein Gerichtsverfahren der beste Weg, diesen Streit zu beenden? Versetzt euch in die Lage der Richterin, die in diesem Streit entscheiden musste. Eigentlich haben ja beide Männer irgendwie Recht.

Beide haben berechtigte Anliegen. Der eine will gut schlafen, der andere will sich sicher fühlen. Was passiert, wenn ihr einem der beiden Streithähne Recht gebt? Ist die Entscheidung eines Gerichts der beste Weg, diesen Streit zu beenden. Könnte dieser Streit nicht anders geklärt werden?

Die Meinung einer Richterin

Ich habe eine Richterin gefragt, was sie von diesem Fall hält. Ihr Name ist Pia Mahlstedt und sie hat viel Erfahrung als Richterin. Sie arbeitet im Oberlandesgericht in der Stadt Brandenburg an der Havel.

Pia sagte: „Dieser Fall wird für die damalige Richterin sicher nicht einfach gewesen sein. Es handelt sich um eine Kleinigkeit, die zu einem sehr verhärteten Streit führte. Dem einen oder dem anderen Streitenden Recht zu geben, bedeutet, dass derjenige, der nicht Recht bekommt, als Verlierer den Gerichtssaal verlässt. Was passiert dann? Entweder das Licht bleibt an oder es wird ausgeschaltet. Aber die beiden Nachbarn werden wahrscheinlich ihr Leben lang verfeindet bleiben. Ein Gerichtsverfahren kostet auch Geld und nimmt Ressourcen in Anspruch. Die Richterin hat vielleicht auch gedacht, dass sie wichtigere Fälle hat als diesen. Und doch musste sie eine Entscheidung treffen."

Pia Mahlstedt ist nicht nur Richterin, sondern auch Mediatorin. So wusste sie, es gäbe einen anderen Weg, den man hätte versuchen können, um diesen Streit zu beenden. Man kann auch sagen, um diesen Streit „beizulegen". Das Wort „beilegen" bedeutet nichts weiter als die Art und Weise, wie man einen Streit beendet. Aber stopp! Was ist eine Mediatorin?

Mediation

Das Wort „Mediation" kommt ursprünglich aus dem Lateinischen und bedeutet „in der Mitte sein" oder „Vermittlung". Eine Mediatorin oder ein Mediator vermittelt also. Man kann auch sagen: er oder sie „mediiert". Das ist ein Beruf. Es gibt Menschen, deren Arbeit darin besteht, bei Streit zu vermitteln. Das muss aber kein Beruf sein – es ist auch eine ganz normale menschliche Tätigkeit. So lange es Menschen auf dieser Erde gegeben hat, so lange hat es auch Streit gegeben. Streit gehört zum Leben dazu. Und so lange hat es auch Menschen gegeben, die in Streitigkeiten vermitteln, die den Streitenden dabei helfen, den Streit zu klären und Lösungen zu finden.

Heutzutage kann man sich zum Mediator ausbilden lassen. Gute Mediatoren verstehen etwas von Konflikten, sie kennen sich in der Psychologie aus, und kennen viele Kommunikationstechniken, die anderen Menschen helfen können, eine neue Sicht auf ihren eigenen Konflikt zu gewinnen. Vielleicht gelingt es dann, dass die Streitparteien selbst Lösungen für ihren Streit finden. Denn darum geht es hauptsächlich. In einem Gericht entscheidet eine Richterin oder ein Richter, wer Recht hat. Er oder sie entscheidet auch über die Strafe oder die Entschädigung. Eine Mediation läuft anders. Mediatoren entscheiden nicht, wer Recht bekommt. Was tun sie dann?

Mediatoren hören zu. Sie lassen die Streitparteien ihren Streit schildern. Sie versuchen zu verstehen, worum es wirklich geht. Sie fragen sie, was ihnen wirklich wichtig ist. Sie wollen wissen, wie es den streitenden Menschen geht, und sie möchten erreichen, dass beide Parteien die Bedürfnisse und Gefühle der anderen besser verstehen. Wer mit dem Gegner mitfühlen kann, wird eine andere Sicht auf den Streit haben. Die Mediatoren lassen die Parteien dann selbst Lösungen erarbeiten, die vielleicht für beide gut sind. Im Idealfall entscheiden sich die Parteien selbst für eine Lösung ohne Gewinner und ohne Verlierer. Es geht nicht mehr darum, wie in einem Gericht den Streit gegeneinander zu entscheiden, sondern eine Lösung miteinander zu erarbeiten. Dafür gibt es in der Praxis der Mediation das besondere Wort „einvernehmlich", das so viel heißt wie freiwillig und miteinander.

Klingt spannend? Das ist spannend. Und es ist genauso spannend, zu wissen, wo heutzutage Mediatoren überall tätig sind. Bevor wir dieses Arbeitsgebiet näher kennenlernen, muss ich ein wenig Theorie erklären.

Empathie

Was ist „Empathie"? Und was hat das mit der Mediation zu tun?

Empathie ist wieder mal ein Fremdwort in der deutschen Sprache. Es kommt aus dem Altgriechischen und bedeutet „Einfühlung" oder „Mitgefühl". Die Empathie ist in der Mediation wichtig. Wenn wir uns in die Lage des oder der anderen besser einfühlen können, und unser Gegenüber uns auch besser verstehen kann, dann wird es leichter sein, zusammen nach Lösungen zu suchen.

Mediatoren und Mediatorinnen stellen deswegen ganz viele Fragen, um zu hören, wie es den Streitenden geht und was sie benötigen, damit es ihnen besser geht. Das Ziel ist, dass alle gemeinsam ein besseres Verständnis für einander gewinnen. Das ist oft der Anfang einer guten Lösung.

Alternative Streitbeilegung

Was ist Streitbeilegung? Nun: das wisst ihr schon. Das ist nur das Wort dafür, wie wir mit Streit umgehen und wie wir aufhören, zu streiten Wie entscheiden wir in Streitfällen? Manchmal entscheidet eine dritte Person für uns und sagt uns was wir tun müssen. In der Theorie würde man von einer neutralen dritten „Partei" sprechen. Diese dritte Partei, die entscheidet, ist in vielen Fällen der Richter oder die Richterin. Das ist ein Teil der Arbeit von Pia Mahlstedt, zum Beispiel. Aber es gibt viele andere „Richter" in unserem Leben und in unseren Gesellschaften. Dazu braucht es kein Gericht und auch kein Gesetz.

Eure Eltern, zum Beispiel. Habt ihr Geschwister? Wenn ja, gibt es manchmal Streit? Klar, gibt es manchmal Streit. Wird der manchmal unangenehm und heftig? Vielleicht. Was machen dann eure Eltern? Sagen sie einfach: „Basta, hört auf zu streiten. So wird es gemacht!" Sagen wir, du willst fernsehen, dein Bruder oder deine Schwester will Klavier spielen. Der Fernseher und das Klavier sind beide im Wohnzimmer. Was nun? Kommt deine Mutter oder dein Vater und bestimmt: „Jetzt wird Klavier gespielt, morgen um die Zeit wird ferngesehen", dann handeln sie wie Richter. Sie entscheiden für die Streitparteien, was passieren soll. Sie versuchen, fair zu entscheiden, aber sie entscheiden. Kommt deine Mutter oder dein Vater und will euch selbst entscheiden lassen, wie ihr mit dem Streit umgeht, aber dafür sorgen, dass das Gespräch gut läuft, dann handeln sie wie Mediatoren. Das Gespräch könnte vielleicht so aussehen – etwas verkürzt natürlich. Sagen wir, es ist eure Mutter, die gerade mit euch spricht:

Hier habe ich in Stichpunkten einige wichtige Unterschiede bei der Streitbeilegung zusammengefasst.

Klassische richterliche Entscheidung	Alternative mediative Beilegung
Eine neutrale dritte Partei entscheidet.	Eine neutrale dritte Partei hilft den Parteien, selbst zu entscheiden.
Die dritte Partei will herausfinden, wer Recht hat.	Die dritte Partei will herausfinden, was die Streitenden brauchen, um ihren Streit zu klären.
Die Streitenden führen Argumente an, warum sie Recht bekommen sollen.	Die Streitenden erklären einander, wie es ihnen geht.
Der Blick geht nach hinten in die Vergangenheit – es soll herausgefunden werden, wer einen Fehler gemacht hat.	Der Blick geht nach vorne in die Zukunft – es soll herausgefunden werden, was in Zukunft getan werden kann, um den Streit beizulegen.
Die Beziehung zwischen den Streitenden wird nicht verbessert. Manchmal wird sie durch die Streitbeilegung schlechter.	Im günstigen Fall bessert sich die Beziehung zwischen den Streitenden. Sie sollte nicht schlechter werden.
Oft entscheidet die dritte Partei, dass es eine Entschädigung geben muss – zum Beispiel eine Partei zahlt eine Geldsumme an die andere.	Die Parteien versuchen, sich einvernehmlich zu einigen. Die Parteien entscheiden selbst, ob etwas bezahlt werden muss.
Die Streitenden haben keine Wahl. Sie müssen die Entscheidung der dritten Partei akzeptieren.	Die Streitenden entscheiden selbst, wie die Lösung aussieht, und ob sie sie akzeptieren.

Wenn wir uns streiten, sehen wir manchmal den Wald vor lauter Bäumen nicht. In diesem Fall handelt die Mutter wie eine Mediatorin. Sie hört zu, sie versucht rauszufinden, was ihren Kindern – den „Parteien" – wichtig ist, und sie versucht ihnen zu helfen, für einander Mitgefühl zu entwickeln. Die Mediatorin schaut nicht wie eine Richterin auf den Streit, um zu entscheiden, wer im Recht oder im Unrecht ist. Stattdessen weiß sie, dass beiden Streitenden etwas wichtig ist. Sie hofft, dass die beiden etwas erkennen und akzeptieren können, was dem anderen wichtig ist. Sie möchte, dass die Streitparteien zusammen nach guten Lösungen für beide suchen. Wichtig ist, dass sie selbst entscheiden, was sie machen. Das „Selbst Entscheiden" ist das „Alternative" an dieser Art von Streitbeilegung.

Das Wort „alternativ" in diesem Begriff „alternative Streitbeilegung" bezieht sich auf Alternativen zu richterlichen Entscheidungen. Eine Alternative zum Gerichtsverfahren, in dem ein Richter oder eine Richterin entscheidet, ist die Mediation, in der die dritte Partei nicht in der Sache entscheidet. Sie führt ein Gespräch mit den Parteien, die dann selbst entscheiden, was sie tun. Diese Alternative gibt es in vielen Bereichen des Lebens. In der Familie, zum Beispiel, wo der Mutter oder der Vater manchmal die Rolle einer Richterin oder eines Richters einnehmen und manchmal mediieren. In einem Unternehmen kann diese Alternative auch eine Rolle spielen. Soll der Chef oder die Chefin in jedem Streit oder bei jeder wichtigen Entscheidung selbst entscheiden, oder wäre es manchmal besser, wenn er oder sie den Mitarbeitern hilft, selbst Entscheidungen zu treffen? Oder denkt an die Schule.

Manchmal handeln eure Lehrerinnen und Lehrer oder die Schulleitung wie Richter. Das müssen sie auch. In anderen Fällen wären sie sicherlich gut beraten, die Schülerinnen und Schüler in Entscheidungen einzubeziehen und sie ihre Konflikte „alternativ" beilegen zu lassen. Gegebenenfalls mit der Hilfe einer neutralen dritten Partei.

Wo gibt es überall die alternative Streitbeilegung?

Nun, informell tatsächlich überall. In der Familie, in der Schule, in Firmen und Unternehmen. Man muss nicht Mediator von Beruf sein, um als Mediator zu handeln. Beruflich arbeiten Mediatoren in vielen Bereichen, wo es Streit gibt:

- in der internationalen Politik, bei Streitigkeiten zwischen Staaten.
- während oder nach großen politischen oder sozialen Konflikten innerhalb von Staaten, um Verständigung und Versöhnung zu fördern.
- in der Wirtschaft, bei Streitigkeiten zwischen Unternehmen. Oft haben Unternehmen wichtige Interessen, die ein Gericht gar nicht berücksichtigen kann. Eine Mediation kann ihnen die Gelegenheit geben, einander zuzuhören.
- in Unternehmen, bei Streitigkeiten innerhalb von Unternehmen – beispielsweise in Teams, zwischen Abteilungen, zwischen Chefs und ihren Mitarbeitern.

Wenn sich die Mitarbeiter und Mitarbeiterinnen selbst einigen, sind Vereinbarungen oft nachhaltiger. Dazu braucht es manchmal eine neutrale dritte Partei, die das Gespräch leitet.

- bei der öffentlichen Planung, wenn ein neues Projekt umgesetzt werden soll – beispielsweise beim Bau einer Windkraftanlage, damit die Interessen der betroffenen Menschen in der Umgebung berücksichtigt werden.
- beim so genannten „Täter-Opfer-Ausgleich". Bei kleineren Straftaten kann ein Mediator Täter und Opfer zu einem Gespräch zusammenbringen, damit sich der Täter entschuldigt und eine Verständigung über eine Wiedergutmachung erreicht werden kann. Das kann für beide manchmal besser sein als eine vom Gericht verhängte Strafe, oder es kann eine sinnvolle Ergänzung zu einer Strafe sein.
- bei Scheidungen und Trennungen in Familien. Wenn sich Paare mit Kindern trennen, dann ist es sicherlich besser, wenn sie das einvernehmlich tun und gute Lösungen für die Kinder finden. Es gibt Richter, die in diesen Fällen eine Mediation sehr deutlich empfehlen. Die Kommunikation zwischen den Eltern ist gestört, und eine Mediation kann ihnen helfen, eine bessere Verständigung zu erreichen. Die Paare können sich mit der Hilfe einer Mediation über die Trennung und über den Umgang mit dem gemeinsamen Besitz und mit den Kindern einigen. Dabei werden sie von ihren Anwälten beraten, damit die Lösung für keine der Parteien Nachteile bedeutet. Das Gericht kann die Scheidung danach amtlich machen.

- in der Schule. Wusstet ihr, dass manche Schüler und Schülerinnen eine besondere Schüler-Mediationsausbildung machen, um dann in der Schule zu mediieren? Zum Beispiel Leo Engelmann, der Sohn eines guten Freundes von mir. Leo geht in die fünfte Klasse einer Berliner Grundschule. Er hat eine Ausbildung zum „Streitschlichter" gemacht. „Schlichten" ist ein anderes Wort für „vermitteln" – diesmal ein altes deutsches Wort, das so viel wie „glatt machen", oder „ebnen" bedeutet. Leo erzählte mir, wie ein Streit zwischen zwei Schülern von einem Schüler einer anderen Klasse „geschlichtet" wurde. Das heißt, eine neutrale dritte Partei hat vermittelt, damit die Streitenden ihre Differenzen beilegen konnten. Und diese neutrale dritte Partei war ein anderer Schüler.

Geht alternative Streitbeilegung immer und in jedem Fall?

Hier muss ich mit einem klaren *Nein* antworten. Zunächst ist es bei der Mediation wichtig, dass alle Beteiligten freiwillig einer Lösung zustimmen. Da Mediatoren und Mediatorinnen nichts entscheiden, können sie auch niemanden dazu „zwingen", eine bestimmte Lösung zu akzeptieren. Das ist bei einem Gerichtsverfahren ganz anders. Wenn du vor Gericht geladen wirst, dann musst du dahin, und du musst auch die endgültige Entscheidung einer Richterin oder eines Richters akzeptieren.

Die Freiwilligkeit bei einer Mediation ist deswegen wichtig, weil streitende Menschen ihre eigenen Lösungen suchen oder eigene Entscheidungen treffen. Das macht man nur, wenn man diese Entscheidungen freiwillig trifft. So kommt es manchmal vor, dass Mediationen ohne Lösung enden. Das ist schade, aber liegt in der Natur der Sache.

Ein ganz besonderer Mediationsfall

Im Jahr 2007 gab es einen schrecklichen Flugzeugabsturz. Ein Passagierflugzeug der brasilianischen Fluggesellschaft TAM Linhas Aéreas stürzte in São Paolo in Brasilien ab. 199 Menschen starben.

In solchen Fällen ist es üblich, dass die Fluggesellschaft finanzielle Entschädigung an die Familienangehörigen bezahlt. Das ist nicht nur eine Art „Entschuldigung" – für manche Familien ist es existentiell notwendig, zum Beispiel, wenn ein Familienmitglied, das bislang das Geld für die Familie verdient hat, unter den Opfern war.

Das Problem dabei ist, dass die Fluggesellschaft und die Familien sich einigen müssen. Es sind weitere Personen – oder Unternehmen – beteiligt. Das sind unter anderem die Versicherungsgesellschaften der Fluggesellschaften, die am Ende auszahlen – die Fluggesellschaften haben sich gegen solche Fälle natürlich abgesichert. Die Regierung des Landes, in dem das Unglück geschah, möchte natürlich auch eine gute Lösung. Und die Familien holen sich Rat und Unterstützung, indem sie sich von Anwälten vertreten lassen. Das ist eine komplizierte Lage, in der viele mitreden wollen. Es ist sehr wichtig, dass die Gefühle der Familienangehörigen respektiert werden. Sich einfach über Geld zu streiten, wäre sehr schade, das schmerzt dann doppelt und dreifach.

Doch gerade das zeichnete sich hier ab. Es gab nämlich keine klare gesetzliche Regelung, welche Familienangehörigen wie viel Geld bekommen sollten. Und die Fluglinie und Versicherer hatten nicht unendlich Geld.

Um eine Lösung zu finden, gab es nun zwei Wege. Die Familien konnten versuchen, ihr Recht vor Gericht einzuklagen. Die Gerichte in Brasilien waren jedoch überlastet, hatten viele Fälle, und sie arbeiteten langsam. Bei einem so komplizierten Fall war zu erwarten, dass es zehn Jahre dauern könnte, bis eine endgültige Entscheidung fällt.

Der zweite Weg war: alle setzen sich an einen Tisch und sprechen miteinander. Leicht gesagt, aber bei so vielen Beteiligten schwer getan. So traf die brasilianische Regierung eine kluge Entscheidung. Sie engagierte einen neutralen Mediator. Das war mein Freund Diego Faleck. Er erzählte mir, wie er immer wieder mit den Parteien sprach, mal in großen Runden, mal in kleinen, mal mit Vertretern, mal mit allen, bis eine Lösung in Sicht war. Am Ende konnten alle mit der Entschädigung leben. Die Fluglinie errichtete außerdem ein Denkmal für die Opfer an der Unglücksstelle.

Es war wie ein Wunder, dass sich alle einigen konnten. Und es war mit Sicherheit besser, als diesen traurigen Konflikt in einem Streit vor einem Gericht beizulegen.

Es gibt aber andere gute Gründe, warum eine Mediation in bestimmten Streitfällen für die Beilegung nicht geeignet ist. Das ist zum Beispiel immer so, wenn es ein öffentliches Interesse an einer richterlichen Entscheidung gibt – bei schweren Gewaltverbrechen, zum Beispiel, oder schwerem Betrug. In solchen Fällen kann eine Gesellschaft keine eigenständigen „privaten" Lösungen akzeptieren. Wo kämen wir hin, wenn schwere Verbrecher ihre eigenen Lösungen erarbeiten würden?

Der Fall mit der Glühbirne...

Ihr wollt sicher wissen, wie der Streit zwischen dem Richter und dem Polizisten über die Lampe auf dem Grundstück beendet oder beigelegt – wurde. Der ging nämlich in die „zweite Instanz". Das heißt, zuerst entschied ein Gericht – in diesem Fall zugunsten des Polizisten. Das Gericht sah in der Lampe keine besondere Störung. Aber der klagende Richter, der nicht mehr gut schlafen konnte, war nicht zufrieden mit dem Urteil und brachte den Fall vor ein höheres Gericht. Das nennt man Berufung, und es war sein gutes Recht.

Die Richterin des höheren Gerichts holte ein Gutachten ein. Man schaute sich die Lampe vor Ort an, ging in das Schlafzimmer des gestörten Nachbarn. Man fragte, ob andere Gardinen oder ob Rollläden helfen würden. Es vergingen wieder Monate. Am Ende musste das Gericht entscheiden. Das Urteil lautete: die Lampe musste ausbleiben. Die Begründung: die Lampe verursache eine „Einschränkung der

Annehmlichkeit des Daseins". Und wenn der Polizist sie doch anmachte, dann würde er einen sehr hohen Geldbetrag bezahlen müssen: bis zu 250.000 €, oder sogar ins Gefängnis müssen. Er wird die Lampe nie wieder eingeschaltet haben. Er musste auch viel Geld für die beiden Gerichtsverfahren und für das Gutachten über die Lampe bezahlen.

So kehrte Frieden wieder ein. Aber war dieser Streit so wirklich gut beigelegt? Wäre es nicht besser gewesen, wenn die beiden Männer dazu bereit gewesen wären, den Streit kooperativ beizulegen? Vielleicht mit der Hilfe einer Mediation? Das hätte sich die Richterin vielleicht auch gewünscht. Aber manche Leute wollen einfach immer weiter streiten, bis sie Recht bekommen.

Klausurfragen

Frage 1

In der Sprache der Streitbeilegung sind die „Parteien":

A = politische Vereinigungen, die bestimmte Ziele verfolgen

T = Menschen, Organisationen oder Unternehmen, die sich streiten

W = Argumente für oder gegen eine bestimmte Lösung

Frage 2

Mediation heißt:

M = in Streiten zu vermitteln

C = viel über sich selbst nachzudenken

L = eine Meinung zu verbreiten

Frage 3

Ein Mediator oder eine Mediatorin:

B = sagt den Streitenden, was sie tun müssen

R = will herausfinden, wer in einem Streit Recht hat

E = möchte Streitenden helfen, eigene Lösungen zu finden

Frage 4

In der Mediation:

S = muss es immer eine Lösung geben

E = entscheiden die Streitenden, ob sie einer Lösung zustimmen

F = werden Lösungen gar nicht gesucht

Frage 5

Alternative Streitbeilegung bedeutet:

A = dass Streitigkeiten nicht vor Gericht beigelegt werden

O = dass man immer Alternativen für den Fall entwickelt

I = dass Richter entscheiden

Frage 6

Mediatoren haben eine besondere Ausbildung und kennen sich aus:

P = in der Konflikttheorie und der Psychologie

D = im Strafrecht

Q = in der Religion

Frage 7

Ein Ziel der Mediation kann sein:

C = dass die Parteien ihre Rechte besser kennen

L = dass die Parteien Recht bekommen

H = dass die Parteien einander besser verstehen

Frage 8

Streitschlichter in Schulen sind:

K = Lehrer, die Streit vermeiden wollen

I = Schüler oder Schülerinnen, die wie Mediatoren handeln

N = Schüler oder Schülerinnen, die sich gerne streiten

Der Autor

Dr. Greg Bond

Greg Bond lehrt an der Technischen Hochschule Wildau, wo er auch Beauftragter für Fremdsprachen ist. Seine Lehrgebiete haben alle mit Kommunikationskompetenzen zu tun – Verhandlungsführung, Mediation, interkulturelle Kommunikation oder Rechtsenglisch. Die meisten Kurse werden in englischer Sprache gehalten, damit die Studierenden für internationale Tätigkeiten gut vorbereitet sind.

Er wurde 1963 in Manchester in England geboren. Er studierte bis 1993 in Nottingham, Norwich und Berlin Germanistik und schrieb seine Doktorarbeit über deutsche Literatur. Viele Jahre später studierte er noch einmal an der Europa-Universität Viadrina in Frankfurt an der Oder und wurde Master of Arts in Mediation.

Er arbeitet in Unternehmen und Organisationen als Mediator und Moderator. An der Technischen Hochschule Wildau bietet er allen Studierenden und Mitarbeitern Beratungen bei Konflikten an. Er hat zwei Bücher zu internationaler Mediation herausgegeben und einige Aufsätze geschrieben. Er ist verheiratet und lebt in Berlin. Seine Frau arbeitet als Coach und Mediatorin. Seine Tochter studiert Wirtschaft und Recht in Frankfurt an der Oder und sein Sohn arbeitet in Berlin

Bibliothek: eine Einrichtung von gestern oder mit Potential für die Zukunft

Dr. Frank Seeliger

Liebe Leser, wenn ihr diese Zeilen durchschreitet, erfahrt ihr etwas zu Bibliotheken, wie sie früher tickten, sich entwickelten und in welchem Wettbewerb sie u. a. mit Suchmaschinen wie Google, Plattformen wie Wikipedia, dem Online-Versandhandel mit Angeboten im Niedrigpreissegment heute stehen. In den Wirtschaftswissenschaften gibt es einen Begriff dafür, wenn etwas aus der Wertschöpfungskette fällt. Bezogen auf unseren Fall also, wenn man z. B. keine Bibliotheken mehr benötigt, da man alles überall preiswert direkt kaufen kann. Disintermediation wird dieser Effekt genannt und ob er hier angewendet werden kann, das entscheidet ihr nach der Lektüre für euch selbst! Mit anderen Worten versuche ich, euch auf den Punkt gebracht zu zeigen, wo sich Bibliotheken von allen anderen Informations- und Literaturlieferanten unterscheiden, was ihr – neudeutsch – Alleinstellungsmerkmal ist.

Ihr kennt bestimmt aus dem eigenen Erleben eine Bibliothek, sei es die aus der Kita, aus der Grundschule oder die einer Stadt wie Wildau? Man geht hin, und wenn man es nicht gleich in einer gemütlichen Ecke vor Ort verschlingt, leiht man sich für einige Wochen z. B. ein Buch oder einen Film, CD oder Spiel aus, und gibt es dann zurück, damit die oder der Nächste es haben kann. Vielleicht ist euch der moderne Begriff share economy aus dem Englischen schon einmal begegnet, er beschreibt dieses Prinzip sehr gut.

Bibliotheken gibt es schon sehr lange, anfangs, weil es kaum Bücher gab, da sie mühsam abgeschrieben werden mussten. Außerdem weil sich nicht jeder solche damals unerschwinglich teuren Werke von seinem Gehalt leisten konnte, außer Königen und Kircheneinrichtungen wie Klöster. Zu der Zeit waren sie auch als Kettenbücher bekannt, da sie mit metallischen Beschlägen am feststehenden Lesepult gesichert waren. So wertvoll waren die Schätze von einst. Man nennt diese Schätze im Fachjargon auch Zimelien oder Rara.

> **Wissenswertes**
> Archive gibt es natürlich auch schon so lange wie Bibliotheken. Aber sie bewahren im Unterschied zu Bibliotheken handschriftliche Dokumente wie Verträge, Urkunden, Schriftwechsel als Unikate auf. D. h. der Text ist nicht vervielfältigt und soll in erster Linie nicht der Öffentlichkeit zugänglich gemacht werden.

Erst durch das Verfahren des Buchdrucks mit beweglichen, metallischen Drucktypen vor über fünfhundert Jahren, der Mainzer Gutenberg hatte die Idee, sanken die Herstellungskosten. Das Buch wurde mit der Zeit zur erschwinglichen Ware. Seit dem 16. Jahrhundert ging die Post ab, womit übrigens auch die Anzahl der des Lesens und Schreibens Kundigen zunahm. Sie lag zu der Zeit noch bei unvorstellbaren ein bis vier Prozent der Gesellschaft!

Anfänge des Buchdrucks

Mitte des 17. Jahrhunderts kam die erste Tageszeitung hinzu und bald besaß jeder Haushalt ein Exemplar des Bestsellers aller Zeiten, der Bibel. Dies bedeutet aber nicht, dass sich jede Familie zu Hause ihre eigene kleine Büchersammlung erkaufen oder Zeitschriften abonnieren konnte! Bis hierzulande die erste Bibliothek nicht nur auserwählten Personen wie Mönchen, Gelehrten usw., sondern allen zugänglich wurde, dauerte es noch bis ins frühe 19. Jahrhundert. Da kam hierzulande, in Preußen, noch die Schulpflicht eher zum Zuge.

Und jetzt, in unserer heutigen Zeit, kann man nicht nur überall zu erschwinglichen Preisen Literatur, Medien aller Art und Spiele kaufen. Hierfür kann man wählen zwischen dem klassischen Buchgeschäft und der Online-Bestellung im Internet. Zudem bietet das eben erwähnte Internet ohnehin so viele Informationen, dass man schwerlich sie alle lesen und verstehen kann. Wozu braucht es dann noch Bibliotheken?

Es ist schon richtig, während eure Groß- und Elterngeneration wie ich in unserer Kindheit Wege suchen musste, um an bestimmte Informationen zu kommen, werdet ihr regelrecht damit überschüttet. Dafür gibt es übrigens ebenfalls einen Spezialbegriff, da die Wissenschaftssprache vorwiegend Englisch ist, heißt er: information overload. Dies nur am Rande. Und noch eine Anmerkung am Rande? Diese Herausforderung ist gar nicht neu! Bereits im späten 17. Jahrhundert – bitte entschuldigt die kleinen historischen Ausflüge – beklagte ein ganz großer Gelehrter, Gottfried Wilhelm Leibniz: „Diese schreckliche Masse von Büchern, die ständig wächst, wird von der unbestimmten Vielfalt von Autoren dem Risiko des allgemeinen Vergessens ausgesetzt. Es droht eine Rückkehr in die Barbarei."

Euch, als kritisch-denkende Zuhörer, stellen sich vielleicht ebenfalls damit mindestens zwei Fragen:
Erstens, ist wirklich jede Information frei – also im Internet – verfügbar und falls nicht, kostet sie wirklich nur, mit Blick aufs Taschengeld, 'n Appel und 'n Ei?

Wer hat eine Idee, was es nicht frei im Internet gibt? Klar, Geheimnisse, die man selber hat oder andere haben, sollten dort nicht erscheinen. Aber nehmt einmal das euch am nächsten liegende Buch, wofür ihr etwas bezahlt habt, und seht nach, ob es auch frei im Web erscheint? Ihr werdet hoffentlich nicht enttäuscht sein. In aller Regel muss man für eine Erzählung oder ein Fachbuch bezahlen. Die Information darin ist exklusiv für den, der es erwirbt. *Warum ist es nicht gratis?* Um das zu verstehen, hilft vielleicht ein Blick auf die Entstehung eines Buches, wie z. B. diesem.

Jemand muss es schreiben, das kann Stunden bis Jahre dauern. Jemand bebildert es, passt auf, dass es keine Textwüsten werden, sondern gut vom Auge erfasst werden kann. Es muss gedruckt, irgendwohin geliefert werden. Man muss wissen, dass es dieses Buch gibt und jemand wickelt den Verkauf ab. Ganz schön viele Zwischenschritte, und alles nur für lau, also keinen Cent Rücklauf? Dann würde wohl niemand mehr etwas für andere schreiben, auch wenn z. B. die Autoren dieses Buches, wie Wissenschaftler übrigens insgesamt, fast nie etwas mit ihrem Schreiben an Geld direkt verdienen! Aber zumindest die Herstellungskosen bleiben. Für Schriftsteller und Autoren der von euch geliebten Erzählungen ist das Schreiben oft Lebensunterhalt. Tüfteln sie an spannenden Geschichten, was nicht selten über ein Jahr dauert, bleibt die Frage: wovon sollen sie und ihre Familien dann leben? Und ist das Buch fertig, bestimmen nur sie, die Autoren, was damit geschieht. Wir nennen dies etwas sperrig auch Urheberrechte.

So entsteht der Preis und verbleibt die aufgeschriebene Geschichte im Buch, bis das Urheberrecht erlischt, nach vielen, vielen Jahrzehnten. Daher sind ganz alte Texte von z. B. griechischen und römischen Autoren frei im Netz, aber

Stories wie Harry Potter, Tintenherz, Rico, Oskar und die Tieferschatten, der kleine Ritter Trenk usw. nicht. Wer will von euch so lange warten?

Für die ganz Genauen: Bibliotheken zahlen auch noch etwas an die Autoren, neben dem Buch- oder Ladenpreis. Die so genannten Tantiemen. Sie werden z. B. vom Land Brandenburg an eine so genannte Verwertungsgesellschaft gezahlt und umfassen jährlich knapp eine halbe Million Euro. Von dort kann sich der Autor das Geld geben lassen und bei einigen wenigen sind es stattliche Summen, von denen man mehr als gut leben kann. Für Gerechtigkeit auch bei der Ausleihe von Büchern gegenüber ihren Schöpfern, den Autoren, ist also gesorgt.

Kommen wir zur zweiten Frage, nachdem geklärt ist, was zumindest nicht so gratis im Internet nachzulesen ist. Was kostet dieser exklusive Zugang zu veröffentlichten Informationen, also Publikationen? Zahlt ihr für ein Taschenbuch oft weniger als zwanzig Euro, ist so ein Preis für eine Hochschul- oder Universitätsbibliothek eher die Ausnahme. Fachliteratur fürs Studium, wir sagen auch Lehre, und die Forschung kostet ein Vielfaches davon. Das hat viele Gründe. Die kann ich beim nächsten Mal vielleicht erklären. Jedenfalls haben wir ganz viele aktuelle Bücher im Regal, die zwar danach auf den ersten Blick nicht aussehen, aber von einhundert bis fünfhundert Euro das gute Stück kosten. Das ganz topaktuelle Wissen auf einem Gebiet steckt in Zeitschriften. Eine weltberühmte, naturwissenschaftliche Zeitschrift, um ein Beispiel zu geben, kostet uns im Jahr mehr als ein Sommerurlaub für eine vierköpfige Familie auf den Kanarischen Inseln. Datenbanken zu Fachgebieten, die Konferenzberichte, Normen, Zeitschriften und Bücher enthalten, liegen auf dem Preisniveau von Neuwagen. Umsonst ist das alles also nicht zu haben.

Da ich das Einschieben von kleinen Informationen so mag, vielleicht eine kleine Rechenaufgabe: Wie kann eine Hochschule am besten dafür sorgen, dass alle Studierenden, gut mit Fachinformationen ausgestattet, erfolgreich ihr Studium absolvieren? Fährt sie besser, wenn sie jedem Studierenden pro Jahr 60 € gibt, oder einer zentralen Einrichtung wie der Bibliothek das Budget von 250.000 €, um für alle etwas zu kaufen?

Aber vielleicht sollte ich an der Stelle auch darauf hinweisen, dass erstens – und darum schreibe ich das Ganze – die Hochschulbibliotheken in Deutschland, von Steuergeldern bzw. Abgaben an den Staat finanziert, genauso öffentlich zugänglich sind, wie eure Bibliothek um die Ecke. Ihr könnt euch also jede gerne anschauen und nutzen!

Und zweitens liegt längst nicht mehr alles in Papierform vor. Aber das wisst ihr bestimmt, auch die Wildauer Stadtbibliothek bietet ja Filme, Zeitschriften wie den Spiegel und Bücher als onleihe an. Man muss also nicht mehr immer zur Bibliothek gehen, sondern regelt alles von zu Hause aus am Rechner bzw. Computer. Und das gleiche Prinzip trifft auf Hochschulbibliotheken zu. Stelle ich alle gedruckten Werke aus den Regalen hintereinander auf, würde die Strecke bis Königs Wusterhausen reichen. Würde ich alles ausdrucken, Zeitschriftenartikel, Bücher etc., was als elektronische Information vorliegt (wir nennen das auch E-Journals, E-Books), würde die Strecke mindestens bis zur Ostsee, vermutlich sogar darüber hinaus reichen!

Tausende Bücher auf nur einem Gerät

Fassen wir zusammen: die eine Information ist frei im Internet, die andere verlangt einen tiefen Griff ins Portemonnaie. Gibt es eventuell noch einen großen Unterschied, warum man für das eine „Geld in die Hand" nehmen muss, für das andere nicht?

Es ist die Frage nach der Qualität. Wie bei eurem Schulbuch für den Unterricht schauen sich Fachleute, meinetwegen Oberlehrer, die Bücher an und können aus ihrem eigenen Wissen eine fachliche Beurteilung abgeben, ob das Geschriebene korrekt ist oder vielleicht einige Fehler hat. Erwachsene wie Kinder neigen wirklich nicht zur

Vollkommenheit. Ihr ahnt es, auch hierfür gibt es schon wieder einen englischsprachigen Fachbegriff, *peer review*. Dies bedeutet, dass sich jemand den Inhalt anschaut, der die schriftliche Abhandlung fachlich beurteilen kann. Ein Mathematiker schaut sich kritisch den Beitrag eines Mathematikers an. Dadurch kann man sicher sein, als Leser, dass das Geschriebene der Wahrheit sehr, sehr nahe ist. Im Internet finden solche Qualitätsüberprüfungen sehr unterschiedlich statt, es gibt keine Gewähr auf Richtigkeit. Wer jetzt noch weiterlesen will, es kommt jetzt das Add-on, in unserer Sprache, die Zugabe (und ihr habt mich gar nicht darum gebeten 😉).

Einige Unterschiede sind klar geworden, warum das eine kostet, das andere nicht, was kleine Schulbibliotheken haben und was wissenschaftliche Bibliotheken. Aber was unterscheidet z. B. den Online-Versandhandel und lokalen Buchhandel, also das Geschäft, wo man Bücher kaufen kann, von Bibliotheken? Klar, man zahlt nichts. Und sonst? Wenn ein Buch sich nicht mehr auf dem Markt verkaufen lässt, vielleicht weil es nichtmehr aktuell oder stark nachgefragt ist, dann verschwindet es aus den Regalen. Lagerplatz ist teuer, daher kann man sich Ladenhüter im Buchgeschäft nicht leisten. Mit Glück findet man es in Buchläden, die auf solche „alten Schinken" spezialisiert sind, sie heißen Antiquariate. Zuverlässiger sind hierbei aber Bibliotheken. Nahezu jedes Buch, was einmal irgendwo auf der Welt erschien, kann man (wie, erkläre ich weiter unten) in einer der zehntausend Bibliotheken in Deutschland und ihren bald vierhundert

Millionen Werken im Bestand finden. Zum Beispiel kommt in Deutschland auf eintausend Einwohner ca. ein Buch pro Jahr neu heraus. Ob ein Buchladen sie alle, also über 80.000 Werke, aufnehmen kann? Bibliotheken sammeln, auch wenn ein Buch gerade nicht so stark genutzt wird, sie bauen sozusagen ein Vermächtnis der schriftlichen Hinterlassenschaften auf. So kann man heute zum Beispiel nachlesen, was über Schulen in Zeitungen vor einhundert Jahren geschrieben wurde, oder welche Geschichten damals die Bestseller waren. Gäbe es also die Bibliotheken nicht, dann würde der kritische Rückblick in die Vergangenheit nicht möglich sein. Stell dir vor, dein Foto- oder Tagebuch verschwindet immer dann, wenn du ein neues anfängst. Wäre irgendwie trist.

Bücher, Publikationen, Veröffentlichungen, in welcher Form auch immer, bilden das Wissen unserer Zeit ab, in einer Vielfalt, wie sie eine unterrichtende, lehrende Person nicht wiedergeben kann. Versteht man die mündliche Erklärung nicht, liest man es nach und in einem der vielen Bücher zu dem Thema wird es so erklärt sein, dass man es versteht. Ein berühmter Schriftsteller, Stefan Zweig, dessen Texten ihr bestimmt noch begegnen werdet, schrieb einmal in seinem Buch „Die Welt von Gestern" sogar:

„Für mich ist Emersons Axiom, daß gute Bücher die beste Universität ersetzen, unentwegt gültig geblieben, und ich bin noch heute überzeugt, daß man ein ausgezeichneter Philosoph, Historiker, Philologe, Jurist und was immer werden kann, ohne je eine Universität oder sogar ein Gymnasium besucht zu haben."

Aber wie komme ich genau zu der Veröffentlichung, die mir weiterhilft? Es soll die letzte Frage sein. Seit über zwanzig Jahren erfassen Bibliotheken ihre Bestände über Online-Kataloge. Sie gelten in unserer Fachsprache als zentrale Nachweisinstrumente. Diese Kataloge enthalten Informationen darüber, was in dem Buch geschrieben steht, z. B. über den Titel, Schlagworte etc. Sie sagen aber auch, in welcher Informationseinrichtung und wo genau es zu finden ist. Nun muss natürlich niemand die zehntausend Online-Kataloge einzeln nach einem Buch abklappern. Das käme der Suche nach einer Nadel im Heuhaufen gleich. Nein, dafür werden viele Kataloge wieder zusammengefasst.

Mittlerweile stellen Bibliotheken ihre „Nachweisinstrumente" auf Suchmaschinen um, die ihr durch Google kennt. Sie funktionieren etwas anders als Online-Kataloge, und liefern die Treffer so schnell und ähnlich wie bei anderen Online-Plattformen. Der große Vorteil ist, dass wir den Algorithmus festlegen können, was zuerst nach dem so genannten Ranking-Prinzip unter den zehn Treffern ist. Werbung bleibt damit schon einmal außen vor. Würde man sich nur auf eine Suchmaschine verlassen, käme das ungefähr dem Verhalten gleich, nur eine Zeitung zu lesen. Und diese erklärt dann ausschließlich die Welt. Ihr versteht! Daher recherchiert oder sucht ein Wissenschaftler auf verschiedenen Internetseiten und variiert seine Suchbegriffe.

Ein langer Textweg liegt hinter euch. Ich gratuliere zum Durchhalten und vielleicht ist euch damit ein wenig die Komplexität bewusst geworden, die dahinter steckt, um an geprüftes und aktuelles Wissen zu gelangen. Bibliotheken sehen sich nicht wirklich der Gefahr ausgesetzt, durch das Internet ersetzt zu werden. Ein Blick auf die vielen Neubauten an Bibliotheken zeigt schon, dass das viele so sehen. Aber das Buch im Regal darf auch nicht darüber hinwegtäuschen, dass vieles in Bewegung ist und niemand ein Monopol auf Informationen hat. Letztendlich geht es darum, Vergnügen zu bereiten, euch bei der Ausbildung zu unterstützen, aber auch Wohlstand zu schaffen. Wir freuen uns auf eure Wissbegier und Neugierde an Neuem!

Klausurfragen

Frage 1

Sind Antiquariate und Antiquitäten Geschäfte mit dem gleichen Angebot?

AU= Ja, beide bieten vorwiegend gebrauchte und ältere Bücher zum Verkauf an.

CH = Nein, während Antiquariate bereits genutzte Bücher zum Kauf anbieten, findet man im Antiquitätengeschäft alte, aber immer noch hübsch anzusehende Möbel, Bilder, Haushaltsgeräte usw.

Frage 2

Konnten schon immer fast alle Leute lesen?

IN = Ja, denn es gibt ja aus jeder Zeitepoche schon einen Haufen Schriftstücke, die irgendetwas festhalten, was damals war. Und das muss doch jemand gelesen haben, ansonsten machte es keinen Sinn. Man denke an die alten Handschriften in Archiven, auf Grabmalen die Inschriften, in Museen die alten Werke, die vielen lateinischen Texte an großen Gebäuden.

IK = Na klar, seit es die ersten Keilschriften und Hieroglyphen bei den Ägyptern oder in Mittelamerika bei den Maya gab, gleiche Entdeckungen in anderen Weltteilen gemacht wurden, setzte sich die umfassende Kenntnis von Schreiben und Lesen bei allen Bevölkerungsschichten durch. Das liegt auf der Hand!

IV = Nein, erst mit der Einführung von Schulen war es einer breiteren Masse der Bevölkerung möglich, sich schriftlich zu verständigen. Und selbst heutzutage und hierzulande gibt eine nicht zu unterschätzende Anzahl von Analphabeten, die für Deutschland im Millionenbereich liegt.

Frage 3
Kann man durch das Internet jede Information kostenlos beziehen?

BI = Ja, das ist ja der Sinn des Internets, dass man auf alles von überall und zu jeder Zeit zugreifen kann.

AR = Nein, man bekommt den Hinweis auf z. B. einen Film oder einen Text zwar gratis. Will man ihn aber zur Gänze sehen oder lesen, muss man etwas zahlen. Ansonsten würde ja niemand mehr etwas verdienen, auch wenn er Jahre in die Produktion von Text und Bild gesteckt hätte.

Der Autor

Dr. Frank Seeliger

Frank Seeliger leitet seit zehn Jahren die Wildauer Hochschulbibliothek und leitet zudem den Master-Studiengang Bibliotheksinformatik. 1970 erblickte er in Wolfen (Sachsen-Anhalt) das Licht der Welt. Er erlernte dort den Beruf des Elektrikers, studierte in den 90er Jahren Altamerikanistik (Maya, Inka, Azteken) und Geographie an der Universität in Bonn, promovierte darauf im schwäbischen Ulm in Kulturanthropologie, wo er sich mit dem West-Himalaya-Raum und den Kallawaya in Bolivien beschäftigte. Er ist verheiratet, hat drei Jungs und hat Spaß mit Kindern, ob zur Schmökernacht, StadtLesen, Nerf-Party o. Ä.